# Mind Crafting

# 오늘, 내가 선택한 감정

· 기분은 우연이 아니라, 선택이다 ·

권서희

일상을 지탱하는 데 가장 중요한 내 마음을 지키기 위해
떠오르는 감정에 현명하게 반응하고 대처하는 방법

## 프롤로그

해야 할 일들로 하루가 꽉 채워진 열심히 사는 사람들에게는 매 순간이 선택이고, 우선순위의 문제이다. To do list로 꽉 채워진 하루 속에서 나 자신의 마음을 들여다보는 일은 사치처럼 여겨지고, 가장 소홀히 해도 되는 일로 밀려난다.

그러나, 열심히 달리다가도 결국 마지막에 우리가 무너지는 이유는 '나의 마음' 때문이다. 모든 것을 지탱하기 위해 가장 우선순위 0번인 것은 '내 마음'이라는 사실을 우리는 모두 잊고 살아간다. 내가 있어야 가족도 있고, 나의 일도 있고, 성공도 있다. 모두가 아는 당연한 사실이지만, 수많은 역할과 할 일들은 이를 허락하지 않게 만든다.

직장생활, 사회생활이라는 명분으로 또는 밥벌이를 위해서라도, 화가 나도 내색하지 말아야 하고 속상하고 지쳐도 참고 견뎌야 한다. 집에서는 좋은 엄마, 좋은 아빠, 좋은 배우자, 좋은 딸, 좋은 아들이 되기 위해, 내가 힘들어도 괜찮은 척해야 한다. 좋

은 인간관계를 위해서는 상대를 배려하고 상대의 기분과 눈치를 보며 때로는 맞춰줘야 한다. 우리에게, 내 감정보다 더 우선인 것들은 생각해 보면 너무나 많다. 그러다 보면, 외부요인에 내 감정을 맡겨버리고 질질 끌려가며 살아가기 십상이다. 어느 순간, 화내고 싶지 않은데 화를 내고 있는 나를 발견하고 만다.

감정은 느끼는 것이 아니고 '선택'하는 것이다. 누가 나를 화나게 만드는 것이 아니고, 내가 화내기로 선택한 것이다. 무슨 일이 생겨서 불안한 것이 아니라, 나 스스로 불안하기로 선택한 것이다. 누가 나에게 욕을 한다고 하더라도, 분노할지 말지는 내가 결정한다. 내가 선택하는 것이고, 내가 내 감정을 크래프팅(crafting)하는 것이다. 정확하게는, 감정에 대한 반응을 선택할 수 있다는 의미이다. 원하는 때에 원하는 감정을 조작해서 느낄 수는 없지만, 떠오르는 감정에 대한 반응을 선택할 수 있다. 어떤 감정에 더 크게 반응할지 어떤 감정을 더 많이 곱씹을지, 또 어떤 감정은 그냥 흘러가게 내버려 둘지 우리는 선택할 수 있다.

## 차례

프롤로그 • 2

## Part 1 ▶ 감정은 느끼는 것이 아니라, 선택하는 것이다

어떤 날은 울고 어떤 날은 웃는 당신에게 • 11
내 감정을 남에게 허락받지 말자 • 16
마음은 먹어지지 않는다 • 21
감정 풍선효과 • 25
시간은 마음을 치료해 주지 않는다 • 32
찌꺼기 감정을 처리하자 • 36
고통에 집중하기보다 전환하라 • 41
당신이 먹이를 주는 쪽의 늑대가 자란다: 뇌 가소성 • 48
나쁜 것은 빨리 털고, 좋은 것은 곱씹자 • 53

## Part 2 ▶ 가까운 관계에서 감정 선택

분노의 전염, 행복의 전염 • 61

상대방이 준 쓰레기를 내 침대까지 가져오지 말자 • 66

화목한 가정이라는 환상 • 70

혼자서도 외롭지 않게, 함께하면서도 성가시지 않게 • 74

가장 사랑하는 사람에게 가장 나쁜 사람이 된다 • 78

과하게 희생하면 죄책감이 자라난다 • 82

행복은 토요일 오후에 가족과 함께 먹는 치킨 같은 것 • 86

관계에 필요한 마음 온도 조절 • 91

## Part 3 ▶ 사회적 관계에서 감정 선택

누구나 사회적 가면을 쓰고 살아간다 • 99

무례한 사람과 주파수를 맞추지 말자 • 104

감정에도 서열이 있다 • 108

직장생활은 감정의 파도를 다스리며 그 자리를 지키는 것 • 112

직장인 감정의 그림자, 369증후군 · 117

팀워크가 좋은 팀의 실수가 더 많다 · 126

나 지금 집에 가고 싶어 · 131

드라이하면서도 나이스하게 · 135

## Part 4 ▶ 나 자신과의 관계에서 감정 선택

누구나 어떤 날은 아무것도 하기 싫다 · 141

잔잔한 노력이면 충분해 · 145

죽고 싶은 게 아니라, 놀고 싶은 거야 · 149

아무것도 못 한다는 것은, 사실은 다 잘하고 싶은 마음 · 154

생각하지 않는 것이 최고의 감정 조절이다 · 159

오늘은 자기계발서 말고, 고양이나 보자 · 164

세상에 대충하려고 노력하는 사람이 어디 있어? · 170

자신에게 2차 가해를 멈추자 · 174

나를 제일 미워하는 것도 나, 제일 응원하는 것도 나 · 179

# Part 5 ▶ 지금, 한 걸음 내딛기

기분 전환은 홧김비용으로 하는 것이 아니다 • 185

감정 조절이 어려울 땐, 몸을 움직여야 한다 • 190

힘든 일이 계속되어도 행복해질 수 있다 • 194

누구나 소확감을 찾을 수 있다 • 198

끝이 좋으면 다 좋은 거야: 엔딩 효과 • 203


에필로그 • 207

# PART 1

/

감정은 느끼는 것이 아니라,
선택하는 것이다

## 어떤 날은 울고
## 어떤 날은 웃는 당신에게

벚꽃이 만개한 어느 4월, 눈보라가 휘몰아친 날이 있었다. 기온이 20도 가까이 올랐던 토요일 오전, 사람들은 김밥과 돗자리를 들고 공원을 찾았다. 가족 모두에게 "오늘 같이 놀이동산 못 가서 미안해."라는 말을 남기고, 사무실로 출근했던 날이었다.

점심시간 사무실 밖으로 나가니 비바람이 몰아쳤다. 얇은 옷차림으로 출근한 나를 포함한 모든 사람이 추위에 오들오들 떨어야 했다. 거센 바람과 함께 눈이 내렸다. 하얀 벚꽃 위로 새하얀 눈이 내리는 장면이라니, 아름답고 이상한 날이었다. 거리엔 반소매 티셔츠를 입은 사람과 패딩을 입은 사람이 공존하는 하루였다. 혼란스럽다는 말만으로는 표현하기 어려운 날씨였다.

"오늘 날씨는 딱 내 마음 같아요." 누군가의 말에 그 자리에 있던 모든 동료들이 맞장구를 쳤다.

감정이라는 것은 시시때때로 변한다. 항상 긍정적인 감정을 느끼는 사람이 따로 정해져 있는 것도 아니고, 항상 부정적인 감정만 느끼는 사람도 없다. 어떤 날은 무엇이든 다 해낼 수 있을 것처럼 희망차고 자신감이 넘치고 이유 없이 기분 좋은 날이 있다. 또 어떤 날은 누가 건드리기만 해도 바로 폭발할 것처럼 화가 나거나 슬픈 날도 있다. 누구나 그렇다.

햇빛이 내리쬐는 것도 비바람이 몰아치는 것도 내 뜻대로 할 수 있는 일은 아니다. 그렇다면 햇빛이 내리쬐면 쬐는 대로 맞고, 비가 오면 비를 맞는 것처럼 우리의 마음도 외부의 거대한 무엇인가에 다 맡겨야 할까? 감정은 변하지만 그 감정의 주도권을 내가 아닌 외부에 넘겨줘서는 안 된다. 주도권을 외부에 넘겨준다면, 좋은 일이 생겨야만 웃을 수 있고 누가 나에게 좋은 말을 할 때만 웃을 수 있게 된다.

그러나, 우리의 삶에서 크게 웃을 수 있을 정도의 좋은 일은 자주 일어나지 않는다. 내가 원하는 대로 일이 술술 풀리면 좋겠지만, 그렇지 않은 경우가 훨씬 더 많다는 것이 우리의 인생이라는 것을 모두가 알고 있다. 내 기분에 맞춰주며 나를 기분 좋게 해주는 사람도 많지 않다. 그렇다면 우리는 기분 나쁜 날이 훨씬 더 많아야 할까? 그렇지 않다는 것이다. 내 감정을 스스로 관리할 수 있다면 우리는 바깥에서 오는 비바람에도 마음의 고요함을 유지할 수 있게 된다.

내 마음이라는 거대한 배의 선장은 내가 되어야 한다. 그 키를 외부 누군가에게 넘길 수는 없다. 어떤 날은 울고 어떤 날은 웃겠지만, 울기로 결정하는 것도 '나'이고 웃기로 결정한 것도 내가 된다. 누가 나를 기분 나쁘게 해서 기분이 나쁜 것이 아니다. 내가 기분 나쁨을 선택한 것이다. 감정은 외부의 어떤 요인에 따라 그때그때 그냥 나에게 주어지는 것이 아니라, 내가 스스로 선택하는 것이다.

미국 아마존 서적 1위 『The let them theory』의 저자 멜 로빈스는 "다른 사람의 기분이 나의 기분에 영향을 미치게 두지 말라."라고 이야기한다. 스스로가 통제할 수 없는 다른 사람들의 일에 스트레스를 받으며 남들이 자신의 기분을 망치도록 허락해서는 안 된다는 이야기이다. 멜 로빈스는 "나에게는 중요하지 않은 그런 일들로, 스스로 에너지를 낭비하며 자신의 생명력을 깎아먹으며 피곤하게 살 필요 없다"고 이야기한다. "내가 통제할 수 없는 그들의 일이니, 그냥 내버려 두자."는 생각이 필요하다는 것이다. 소아청소년정신과 전문의 오은영 박사님도 방송에서 비슷한 맥락의 이야기를 한 바 있다. 오은영 박사님은 "중요하지 않은 사람이 나한테 전달하는 무의미한 자극들을 깊게 받아들이지 말고 그냥 흘려보내야 한다."고 이야기했다.

남들이 아무리 나의 감정을 짓밟으려 해도 그것을 받아들일지 말지는 내가 선택하는 것이다. 상처를 받을지 말지는 결국 내가 선택하는 것이다. 누군가 당신에게 돌을 던질 수는 있지만, 그 행동까지 내가 막을 수는 없지만, 그 돌로 인한 나의 감정은 나의 몫이다.

나한테 중요하지도 않은 나쁜 사람들이 별 뜻도 없이 던진 돌에 맞아서 두 번 세 번 아파하며 스스로를 괴롭히지 말아야 한다. 나에게로 돌리는 그 화살을 당장 멈출 수 있다. 어렵겠지만, 할 수 있다. 우리는 우리 자신을 스스로 지켜낼 수 있다. 외부에 일어나는 사건이나 다른 사람들의 행동과 말에 의해 우리 감정이 좌지우지되도록 내버려 두면, 외부요인에 의해 끌려다니며 살아갈 수밖에 없다. "자극과 반응 사이의 공간의 선택이 삶의 질을 결정한다."고 빅터 프랭클이 말했다. 누구도 내 감정을 망칠 수는 없다. 내 감정의 주도권을 내가 갖고, 스스로 감정을 관리해야 한다.

「감정은 느끼는 것이 아니라, 선택하는 것이다.
내 감정을 제멋대로 휘두를 수 있도록 내 감정의 키를
상대방이나 외부 상황에 맡기지 말자.
내 감정이라는 배의 선장은 바로 나 자신이다.」

### 내 감정 한 줄 정리하기

## 내 감정을 남에게 허락받지 말자

"여러분, 저 지금 화내도 돼요? 이 감정이 정상인가요?" 인터넷 커뮤니티에는 온갖 고민 상담 글을 가장한 자신의 감정을 허락받는 글이 하루에도 수천 편씩 올라온다. 심지어 요즘에는 챗GPT에게도 허락을 구한다. "GPT야, 내가 지금 상대방에게 화를 내도 괜찮아?" 누군가에게 허락받은 감정은 정상이고, 공감받지 못 한 감정은 비정상일까? 사실 그런 고민 글을 쓰는 순간에 이미 감정은 다 느껴버리고 있다. 허락받지 않는다고 쑥 들어가지도 않는다. 그런데 우리는 왜 이렇게 누군가에게 내 감정이 정상이라고, 괜찮다고 동의를 구해야 마음이 편할까?

감정이라는 것은 내 의지로 생겨나는 것이 아니고, 그냥 저절로 뇌의 작용으로 두둥실 떠오르는 것이다. 상황에 적합하지 않다고 해서, 다른 사람들이 허락해 주지 않았다고 해서 내가 스스로 감정 스위치를 마음대로 휙휙 바꿀 수 없다. 그렇지만 마치 그렇게 할 수 있다고 우리는 착각하며 살아간다. 한국인들은 심리 상담의 수단으로 챗GPT를 가장 많이 사용한다는 데이터를 본 적이 있다. 한국 사람들은 유난히 누군가가 자신의 감정을 읽어주기를, 자신이 느끼는 감정이 틀리지 않았음을 응원해주기를 바라는 것이다.

소수의 의견, 남들과 다른 특이한 행동을 억제하고 남들 사는 대로 고만고만하게 사는 것이 이상적이라고 여기는 '집단주의 문화'에서 그 이유 중 한 가지를 찾아볼 수 있다. 10대에는 모두 똑같은 옷을 입고 똑같은 책상에 앉아서 모두의 인생이 하나의 목표를 향해 달려야 한다. 음악을 좋아하는 아이든 운동을 좋아하는 아이든 모두 대입을 위해 인생을 바친다. 직업은 전문직이나 대기업이 기본이고, 결혼은 너무 늦지 않게 30대 후반에는 해야 하고, 자녀는 하나둘은 필요하다. 중형차 이상의 자가용과 수도권 신축 대단지 아파트가 필요하다.

유난히 사회가 정해준 삶의 틀이 견고한 것이 한국 사회이다. 이 정해진 길과 조금이라도 다른 방향으로 걸어가는 개인에게는 남들과 다르다는 이유 하나로 손가락질을 마음껏 해도 괜찮다고 허용한다. 이러한 집단주의 속에서 개인의 생각과 감정까지도 억눌리고 검열이 필요해진다. '남들도 다 힘든 거야? 나만

나약한 건가? 내가 못나서 남들은 괜찮은데 나만 힘든 건가? 내가 이래도 되나?' 끊임없이 스스로를 검열하고 사회로부터의 허락을 구한다.

똑같은 상황에서도 사람마다 느끼는 감정은 다르고 다양하다. 그리고 심지어 사람마다 상황은 다르다. 정확하게 똑같은 상황이란 있을 수 없다. 입사 후 조직사회화 과정을 겪는 신입사원들은 적응의 과정에서 누구나 고충을 느낀다. 그런데 신입사원들 중 누군가는 자기효능감이 높고, 누군가는 가족들의 응원을 충분히 받고 있으며, 누군가는 좋은 선배를 만나기도 하지만, 그렇지 못한 사람도 있다. '회사에 적응하는 신입사원'이라는 타이틀 속에서 모두 똑같은 상황이라고 이름표를 붙이지만 사실 완벽하게 똑같은 상황이라는 것은 없다. 개인마다 사정과 상황은 다 다르다. 그리고 그 사정과 상황과 어우러져서 느껴지는 감정 또한 사람마다 매우 다양할 수 있다. 그러니 인터넷 커뮤니티에 "저 신입사원인데, 회사에서 상사가 저에게 ○○○이라고 하는데, 제가 화가 나는 게 정상인가요?"라는 말도 안 되는 글을 올리지 말자.

나의 감정을 누군가에게 허락받지 않아도 괜찮다. 그 상황에 어울리는 정상 감정이라는 것은 없다. 인제 그만 감정에 대한 허락과 검열을 멈추자. 내가 화가 나면 화가 난 것이지, 화를 내도 되는 상황이라는 것이 따로 존재하지 않는다. 다 괜찮다. 이럴 수도 있고 저럴 수도 있다. 내 감정을 그저 느끼는 대로 고요히 바라보자.

「나의 감정을 누군가에게 허락받지 않아도 괜찮다.
그 상황에 어울리는 정상 감정이라는 것은 없다.」

### 내 감정 한 줄 정리하기

## 마음은 먹어지지 않는다

 어린 시절, 할머니께 들은 말씀 중 가장 이해하기 어려웠던 말이 있었다. "마음 단단하게 먹고, 정신 똑바로 차리고 살아야 된다."였다. 일 년에 한두 번 뵙는 할머니가 건네주신 그 말은, 당시 초등학생이던 내게는 참 낯설고도 어려운 말이었다. 도대체 왜 마음을 단단히 먹어야 할까? 그냥 하고 싶은 일 하고, 마음 가는 대로 행동하며 살아가면 안 되는 걸까? 게다가 마음이라는 건, 먹는다고 쉽게 먹어지는 것도 아니다.

 어른이 된 지금 생각해 보면 어린 손주에게 그런 말을 하는 할머니의 입장을 조금은 알 것 같다. 우리 할머니는 1920년대생이다. 일제 강점기와 6·25 전쟁을 겪은 세대이다. 인생의 대부분에 위기가 함께했고, 극도의 공포와 긴장이 일상인 시절을 살아왔다. 그러다 보니, 항상 마음을 단단히 먹어야 했고 정신을 똑바로 차리지 않으면 생존할 수 없었을 것이다. 상당히 슬프고

안타까운 이야기다.

비단 우리 할머니뿐만 아니라, 대한민국 사람들의 DNA에는 아픈 역사와 함께 새겨진 편치 못한 마음이 자리하고 있다. "이제는 그렇게 살지 않아도 돼요. 마음 편히 가지셔도 괜찮아요."라는 말을 한 번도 듣지 못 하고 오랜 시간 굳어진 채 살아온 사람들이 꽤 많다. 그리고 그 아랫세대로 이러한 마음은 고스란히 전해 내려가게 되었다. 우리 어머니도 할머니와 마찬가지였다. 늘 심각하고 긴장되고 구겨진 얼굴로 "항상 조심해야 하고, 마음 단단히 먹고, 똑바로 해야 하고, 네가 잘해야 한다. 다 너 하기에 달려 있다."는 가치관을 내게 가르쳐 주셨다. 그러다 보니 나 역시, '마음을 단단히 먹고 무슨 일이든 내가 잘해야 하는구나.'라는 가치관이 새겨졌다.

반대로 생각하면 상황이 잘 풀리지 않거나, 실패를 경험하면 그것은 모두 내 탓이라는 의미다. '다 내 잘못이구나… 내가 마음을 단단히 먹지 않은 탓이구나.'라는 생각은 살아오는 내내 마음을 무겁게 짓누르는 바위가 되었다. 살다 보면 내가 아무리 노력해도 일이 잘 풀리지 않는 경우가 종종 있다. 그런 순간에도 여전히 나는 나 스스로를 탓했다. '내가 마음을 단단히 먹지 않은 잘못이구나.' 하며 스스로를 책망하고 죄책감을 키우며 스스로를 공격했다.

"마음먹으면 뭐든 다 할 수 있다."는 무한 긍정에너지가 가득해 보이는 이 말을 나는 참 싫어한다. 그 '뭐든'을 해 보지 않은 사람이 지어낸 말이라는 생각이 들기도 한다. 세상에는 안 되는 일도 있다. 그리고 마음은 먹으려고 노력해도 먹어지는 영역이 아니다. 내 마음이 내 뜻대로 된다면, 세상에 불행한 사람이 왜 있을까? 오히려 여기에서 조금 벗어나야 우리는 숨통이 트이고 좋은 마음도 불러올 수 있다. 마음 단단하게 먹지 않아도 괜찮다. 가끔은 풀어진 채 아무것도 안 하고 그저 두둥실 떠내려가는 구름같이 살아도 괜찮다.

앞에서 이야기한 '감정 선택'이란 주변 사람이나 상황에 내 감정을 다 맡겨버리고 휘둘리지 말아야 한다는 것이지, 내 마음을 마치 기계 조작하듯이 모든 순간에 긍정 감정 버튼을 누르도록 마냥 애쓰라는 의미는 아니다. 단단하지 않은 말랑한 마음이어도, 스스로를 지킬 수 있다면 어떤 마음이든 다 괜찮다.

「마음 단단히 먹지 않아도 괜찮아요.
여태까지 버텨온 그 하루하루만으로도
충분히 대단하고, 잘해 왔어요.
다만, 내 마음은 내 것이니 외부의 무언가가
휘두를 수 있도록 내 마음의 키를 다 맡기지 말고,
이제부터 스스로 잘 돌봐줍시다.」

### 내 감정 한 줄 정리하기

## 감정 풍선효과

'종로에서 뺨 맞고 한강에 가서 눈 흘긴다.'라는 말이 있다. 우리는 때론, 종로에서 뺨을 맞고도 종로에서 화를 낼 수가 없다. 종로가 어떤 대상인지 또 어떤 상황인가를 생각하면서 눈을 흘길 수 있어야 어른인 것이다. 화가 난다고 그 자리에서 맞붙어서 고객에게 버럭 화를 내거나, 부당하다고 해서 직장 상사에게 맞받아칠 수는 없다. 누구나 사회적 가면 '페르소나(Persona)'를 쓰고 살아간다. 밥벌이를 하느라 사회생활을 하느라 또는 좋은 인간관계와 이미지 관리를 위해 '좋은 사람'으로 보이고자 무던히 애쓰며 살아간다.

너무 오랫동안 애를 쓰고 살다 보면 어느 순간 내가 나를 더이상 컨트롤하기 어려워지는 상태가 되기도 한다. 사람은 뺨을 맞았다면, 언젠가는 어디선가는 눈을 흘겨야 한다. 그러나 지나치게 오랫동안 꾹 참고 억눌렀고 오래 누적되다 보니, 엉뚱한 대상자에게 엉뚱한 상황에서 터져 나와 버리게 된다.

억압되었던 감정은 약한 쪽으로 흘러가 터진다. 일례로 직장 상사에게 자신이 잘못하지도 않은 일 때문에 억울하게 한소리를 듣고 온 날은 퇴근 후, 가족들에게 욱하고 짜증을 내게 된다. 평소라면 짜증 내지 않고 넘길 수도 있는 일인데, 본인도 모르게 감정 컨트롤이 되지 않고 욱하고 터져 나온 것이다. 우리는 종종 스스로 원치 않게, 가장 소중한 사람에게 칼날의 방향을 겨눈다. 눈을 흘겨도 되는 안전한 상대방이라 생각하기 쉽기 때문이다. 이런 일 뒤에는 꼭 스스로 후회와 죄책감이라는 감정이 뒤따르고 이런 일이 반복되다 보면 사는 것이 힘들어진다.

사람의 감정은 약한 쪽으로 흘러가 터진다. 억압된 감정은 언젠가는 어떤 형태로든 표출이 되는데 엉뚱한 대상자에게 과하게 표출되는 것이 문제가 된다. '풍선효과'라는 것이 있다. '풍선효과'는 한쪽의 문제를 해결하기 위해 일시적인 조치를 취하면, 다른 곳에서 또 다른 문제가 되어 터진다는 사회적 현상을 일컫는 말이다. 주로, 부동산 등 경제적인 상황에서 많이 쓰이는 말인데, 감정에도 풍선효과가 있다.

감정을 표출하지 않기 위해 조치를 취하면, 다른 곳에서 또 다른 새로운 감정 문제가 유발된다는 것이다. 뺨을 때린 상대방 앞에서 화를 참으면, 다른 누군가에게 화를 내게 된다는 것이다. 그래서 가족이나 친구, 후배 등 '그래도 될 것 같은 안전한 대상자'들 앞에서 감정이 폭발한다. 그러면 주변 사람들과의 인간관계 갈등이라는 또 다른 문제가 생기기도 하고 나의 부정적 감정을 나의 소중한 사람들에게 원치 않게 전이시켜 그들을 아프게 만들기도 한다.

또는 그 칼날의 방향이 자신이 되는 경우도 있다. 스트레스를 해소한다는 명분으로 과음하거나, 폭식하거나, 과도한 쇼핑을 하거나, 자신에게 도움이 되지 않는 인간관계에 집착하며 계속해서 상처받거나, 우울증에 빠지거나 하는 경우이다. 이는 모두 스스로 자신을 공격하는 행동이다. 칼날의 방향이 가족이면 가족을 아프게, 칼날의 방향이 나 자신이면 나 스스로를 더 아프게 만들게 된다. 우리는 왜 이렇게 많이 아파야 할까?

이처럼 감정의 풍선효과의 결과는 대부분 좋지 않다. 억눌렸던 감정은 처음에 문제가 됐던 상황에서 발생했던 감정의 크기보다 폭발적으로 더 크게 표출된다. 감정의 풍선효과를 유발하지 않도록 효과적으로 관리할 필요가 있다.

감정 풍선효과의 좋지 않은 결말을 예방하고 싶다면 감정이 나도 모르게 터져 나오기 전에 주도적으로 관리해야 한다. 폭발하는 감정을 관리하기 위한 '감정관리 3단계'를 제시하고자 한다.

감정관리의 1단계는 풍선을 누른 내 뺨을 때린 곳에서 20%의 감정을 정제해서 표출하는 것이다. 화가 난다고 화를 낼 수 없는 상황이 많다. 화를 마음껏 내라는 것은 아니지만, 적어도 내가 지금, 이 상황 때문에 좋지 않다는 것을 그 상황에서 상대방에 어느 정도는 알릴 수 있어야 한다. 소리를 지르고 욕하며 싸우라는 것이 아니고, "지금, 선 넘으셨어요. 그건 제 생각과는 다릅니다." 정도의 표현을 하라는 것이다. 내 감정의 100%를 다 표현하면 안 되는 상황에서는 20%만 표현하자. 나머지 80%는 다른 곳에서 해결해야 한다. 그래야 상황과 관계를 그르치지 않을 수 있다. 그렇다고 그 상황에서 전혀 표출하지 않으면, 내 마음속에서 곪아 터지는 일이 생길 수도 있고, 또 상대방이 똑같은 실수를 나에게 계속 해도 괜찮다는 오해를 할 수 있기 때문에 작게라도 분명히 표출할 필요는 있다.

2단계는 감정 표출을 해도 괜찮고 안전한 제3의 방법으로 해소하는 것이 좋다. 공원에 가서 힘껏 달려도 좋고 노래방에 가서 소리를 지르며 노래를 불러도 좋다. 뜨끈한 사우나에 들어가서 땀을 빼고 좋은 음악을 듣는 것도 좋다. 우리는 이 활동을 흔히 '취미'라고 한다. 취미란 시간이 날 때 하는 나만의 활동인데, 한국 사람들은 특별한 취미가 별로 없는 경우가 많다. 도무지 시간이 나지 않기 때문이다. 그러나 이런 활동이 자꾸 생략되면 내 안에 쌓인 부정적인 감정을 어디에 해소할 수 없기 때문에 시간을 내서 나만의 방법을 찾아야 한다. 예를 들어, 실컷 뛰고 나니 화났던 일이 잘 생각나지 않는 경험이 있을 것이다. 그것이 나도 모르게 부정적인 감정을 내 안에서 덜어내고 해소하는 과정이다. 종로에서 뺨을 맞았지만, 종로에서 다 풀지 못해도 좋다. 대신 소중한 사람이 한강이 되어서는 안 된다. 운동장에서 달리기, 뜨끈한 사우나, 좋은 음악 등이 나의 한강이 되어야 한다.

3단계는 그래도 남아 있는 찌꺼기 감정을 마무리해 주는 것이다. 직장에서 화가 났는데, 달리기를 하는 것만으로는 완전히 해소되지 않는다. 달리기는 부정적 감정을 반으로 줄여주는 사전작업 같은 것이다. 너무 큰 부정적인 감정은 내가 온전히 감당하기 어렵다. 그래서, 일단 2단계의 나만의 한강을 찾아 감정의 크기를 줄여서 오자는 것이다. 줄여진 감정은 이제 내가 정확하게 원인을 파악하고 정리할 수 있다. 화를 내다보면, 나중에는 무엇 때문에 화를 내게 됐는지 모르겠는데 더 많이 화가 나게 되는 경우가 종종 있다. 원인을 명확하게 알아야 한다. 그리고, 내 감정이 분노일 수도 불안일 수도 공포일 수도 있다. 감정을 명확하게 인지하고 나만의 감정 패턴을 스스로 파악해서 다음에 비슷한 상황에서 내 마음을 지킬 수 있는 나만의 '감정 통찰 일지'를 쓰는 것을 추천한다.

우리의 마음이라는 커다란 배의 선장은 다른 누구도 아닌 나 자신이다. 내가 단단히 키를 쥐고 있다면, 나도 모르게 감정 풍선효과에 빠지지 않을 수 있다.

「너무 많이 부풀어 오른 풍선은 아무리 힘주어 눌러도 튀어나온다. 감정관리란 우리 마음의 풍선을 누르고 억제하는 것이 아니다. 적절한 상황에서 적절하게 꽉 찬 공기를 분출하는 자신만의 방법을 터득하고 연습하는 것이 감정관리이다.」

### 내 감정 한 줄 정리하기

## 시간은 마음을 치료해 주지 않는다

'시간이 약이다.'라는 말은 과연 맞는 말일까? 우리의 기억은 시간이 지나면 흐릿해진다. 아무리 힘든 일도 속상한 일도 시간이 지나면 기억이 희미해진다. 몸에 난 상처도 시간이 지나면 새 살이 돋고 회복된다. 물론 맞는 말이다. 우리는 먹고사는 일이 바빠서 내 마음의 상처를 돌볼 여유를 갖기 쉽지 않다. 항상 우선순위에서 제일 뒤로 미루는 것이 '나 자신'인 경우가 많다. 내 마음의 상처 따위는 시간이 해결해 주기를 굳건히 믿을 뿐이다.

시간이 지나면 흐릿해지지만 아픈 건 여전하다. 모두 잊고 잘 살고 있다고 스스로를 속일 만큼 흐릿해진다. 그러나, 이따금씩 예상치 못한 상황에서 오래 깊이 묻어 두었던 아팠던 마음이 툭툭 튀어나와 스스로를 당황스럽게 만들기도 한다. 이런 순간이 오면, 이미 너무 오래 방치했기 때문에 원인이 무엇인지도 모르고 자신이 왜 그런 감정을 겪는지 알아채기도 어려워진다.

묵은 감정은 더 처리하기가 어렵다. 예컨대, 책상에 흘린 우유를 닦지 않은 채, 그 위에 책도 올리고 노트북도 올리고 그렇게 살다 보면 어느새 쏟았던 우유는 잊혀진다. 한참 뒤, 어디선가 퀴퀴한 냄새가 스멀스멀 방 안을 가득 채워도 그것이 무엇인지 찾기 어렵고, 찾더라도 이미 굳어진 우유를 처음보다 닦기 훨씬 어려워지는 것처럼 말이다.

내가 기업 승진자 교육 강의를 갔을 때의 일이다. 유난히 교육에 부정적이고 표정이 좋지 않은 교육생이 있었다. 하루 종일 계속되는 과정이었기에, 종일 그 분에게 마음이 쓰였다. 쉬는 시간에 슬쩍 다가가 말을 붙여보기도 하고, 조별 활동 시간에 그분 곁을 지키기도 했지만, 여전히 표정이 좋지 않았다.

점심시간, 뜻밖에 그분이 내게 먼저 말을 걸어 주었다. 얘기를 들어보니, 지난번 승진에서 동기들은 모두 승진을 했는데 자신이 잘못하지 않은 일에 오해를 사서 승진에서 밀리게 되었다고 한다. 이제야 승진하긴 했지만, 그때 그 일이 아직도 가슴에 남는다고 한다. "이제야 승진하면 뭐해요. 너무 늦어서 이번 승진은 하나도 기쁘지도 않아요."라고 씁쓸한 표정을 지었다. 나름 열심히 일한다고 자부했는데, 그때의 그 일 이후로 업무에 대한 동기부여를 모두 잃었다고 했다.

시간이 이미 많이 지났고, 결과적으로 승진을 했으니 해결된 게 아닌가? 라고 누군가는 생각할 수도 있다. 그러나 사람의 마음이라는 것이 일단 생채기가 나게 되면, 문제가 해결되어 상황이 좋게 변해도 앞으로 가지 못하고 여전히 제자리에 머물러 있는 경우가 있다. 물론, 겉으로 보기엔 아무렇지 않게 직장생활 하고 퇴근하면 여느 때와 다름없이 넷플릭스도 보고 맥주도 한 잔하고, 가족들과 웃으며 식사도 하며 잘 살아간다.

그렇지만 마음속에 난 생채기는 이따금 뛰어 올라 더 잘하고 싶고 앞으로 나아가고 싶은 의지를 꺾게 만들기도 한다. 조금이라도 비슷한 상황에 맞닥뜨리게 되면, 주저하고 위축되게 된다. 더 잘할 수 있는 사람의 발목에 쇠사슬을 걸고, 더 웃을 수 있는 사람을 회의주의에 빠지게 만들기도 한다.

시간이 지난다고 저절로 마음이 치유되지 않는다. 이제는 시간을 내서 스스로의 마음을 치료해 주자. 가장 소중한 건 '나 자신' 그리고 그중에서도 나 자신의 성취나 성과보다 더 중요한 건 '나의 마음'이다. 우선순위에 밀려서 덮어두고 넘어가는 일을 더 이상 반복하지 말고 한 번씩 내 마음을 돌아보자. 내 마음을 치유해 주는 것은 시간이 아니라, '나 자신'이다.

「시간이 약이 되길 운에 맡기고 기다리기보다,
나에게 잘 맞는 약을 스스로 찾아
나 자신을 지켜줍시다.」

### 내 감정 한 줄 정리하기

## 찌꺼기 감정을 처리하자

요즘 내 삶의 질을 높이는 1등 공신 로봇청소기는 사람도 아닌 것이 나를 위해 가장 열심히 일해 준다. 그러나, 로봇청소기도 나에게 일을 시킬 때가 있는데 바로 '오물통 비움'이다. 이 오물통을 그때그때 비워주지 않으면 로봇청소기는 제대로 작동하지 않는다. 오물통에 물을 버리면 바닥에 꼭 찌꺼기가 남아 있다. 가끔 청소를 해도 꿉꿉한 냄새가 날 때가 있다. 오물통에 찌꺼기가 쌓이면 아무리 오물통을 비우고 청소해도 방 안에서 이상한 냄새가 난다. 로봇청소기처럼 우리의 마음에도 종종 '찌꺼기 감정'이라는 것이 남아 오래 방치되면 꿉꿉한 냄새를 풍기게 된다.

우리의 감정은 우리의 마음을 다치게 했던 일이 지나가고 나서도 상황이 종료되고 나서도, 꽤 오랜 시간 그 자리에 머물러 있다 서서히 돌아오곤 한다. 상사에게 안 좋은 소리를 들은 날은 퇴근하고 나서도 한참 동안 속상한 기분이 계속되기도 하고, 소중한 사람과 다투면 며칠간 우울한 기분이 들기도 한다. 우리는 AI나 기계가 아니다. 그래서 우리는 '찌꺼기 감정'이 남는 존재일 수밖에 없다. 노트북의 전원을 끄듯이 '상황 종료' 버튼을 누르면 우리의 감정도 바로 다른 화면으로 전환되면 얼마나 좋을까? 그러지 못해서 우리는 구질구질하게 미련이 남기도 하고, 쪼잔하게 계속 누군가를 미워하기도 하고, 곱씹고 또다시 상처받기도 한다.

헤어진 연인에게 "자니?"라는 메시지를 보내본 사람들은 알 것이다. 머리로는 받아들이지만, 마음으로 받아들이지 못하는 것이 있다는 것에 공감할 것이다.

내가 사내(社內) 강사로 직장생활을 했을 때의 일이다. 같은 일로 3번 이상 상사에게 불려 갔던 적이 있었다. 그 당시에는 '도대체 왜 또 저러실까? 내가 뭘 어떻게 해야 하지?' 막막한 생각이 들었고 상사가 미워지기까지 했다. 이미 그 상황은 다 해결이 되었고 지나간 일이었다. 지금 와서 생각해 보니, 나에겐 그 일이 종료된 일이었지만 그 상사에게는 계속되는 찌꺼기 감정이 맴돌며 매일매일 새롭게 일어나는 일과 같은 것이었다. 일이 해결되었지만, 감정의 문제가 남아 있던 것이었다.

우리는 쿨하지 못하고 구질구질한 감정의 늪에서 오랜 시간 허우적대는 경우가 종종 있다. 쿨하게 멋지게 툴툴 털고 게임의 다음 단계 넘어가듯이 레벨업해서 넘어가면 좋겠지만, 그러지 못한다. 쪼잔하고 구질구질하고 인제 와서 또 생각하니 구차하기까지 한 우리의 찌꺼기 감정을 인정해야 한다. 그럴 수 있다.

물론, 이런 찌꺼기 감정을 나의 상사처럼 다른 사람에게 끊임없이 반복적으로 끄집어내는 것이 좋은 방법은 아니다. 감정의 표출과 해소는 사람을 앞에 두고 하는 것보다 다른 방법을 찾는 것이 훨씬 현명할 수 있다. 나만의 방법을 찾으면 된다. 우선 '내가 지금 지나간 그 일에 찌꺼기 감정이 남아 있구나. 그럴 수 있지. 찌꺼기를 한 번 조용히 끄집어내서 정리해 보자.' 하고 스스로 인지해 줘야 한다.

인지의 재설계를 해 보는 것도 좋다. 상상 속에서 그 상황에 다시 돌아가서 지나치게 나쁘게 받아들였던 감정이 있다면 바로 잡아서 인지를 바꾸는 방법이다. '그 사람이 그렇게까지 날 공격하려던 건 아니었구나. 내가 그렇게까지 잘못한 건 아니었구나. 상황이 최악까지는 아니었구나.'라고 인지를 재설계해 보는 방법도 괜찮다. 이 방법이 어려우면 다른 방법도 좋다. 정답이 있는 것은 아니다. 나만의 찌꺼기 감정을 처리하는 방법을 다양한 시도를 해 보며 찾아보아도 좋다.

직접적인 감정의 원인을 분석해서 인지를 바꾸는 대신, 표현하기 어렵고 애매한 정도의 찌꺼기 감정이 남아 있을 때 그냥 좋아하는 것을 하며 찌꺼기 감정을 흘려보내는 것도 방법이다. 상황은 지나갔지만 아직 내 기분이 좋지 않으니, 내 기분 좋아질 수 있는 것을 하며 스스로를 달래는 것이다. 좋아하는 음식을 먹어도 좋고, 산책을 해도 좋고, 좋아하는 음악을 들어도 좋다. 로봇청소기 오물통의 찌꺼기를 오래 방치하면 더 이상 제대로 청소할 수 없는 것처럼, 우리 감정의 찌꺼기도 오래 방치되면 제대로 기능할 수 없다. 찌꺼기 감정을 오래 묵히지 말고 그때그때 가볍게 비워야 우리는 앞으로 나아갈 수 있다.

「우리는 AI가 아니기 때문에, 상황이 지나간 뒤 머리로는 정리해도 찌꺼기 감정이 남게 된다. 찌꺼기 감정을 비우고 마음을 가볍게 해야 우리는 앞으로 나아갈 수 있다.」

내 감정 한 줄 정리하기

## 고통에 집중하기보다 전환하라

우리가 스스로를 고통에 가두는 마법의 문장이 있다. "네가 이럴 자격이 있어? 지금 이럴 때야?" 무언가가 잘되지 않으면, 해결되지 못하는 고민이나 문제가 생기면 웃거나 행복할 수 없다는 것이다. 취업에 실패한 내가 지금, 이 치킨을 먹어도 되나? 시험에 합격하지 못 한 내가 지금 유튜브를 보며 웃어도 되나? 하고 스스로를 몰아붙이는 것이다. 행복에 자격이 있을까? 웃어도 되는 상황이 따로 정해져 있는 것일까? 왜 우리는 스스로에게 이토록 가혹하게 행복의 자격이라는 잣대를 들이대는 것일까?

강의를 하다 보면 다양한 교육생분들을 만나는데 한번은 8시간 강의 내내 단 한 번도 웃지 않고 누구와도 대화하지 않으며 그 어떤 교육 활동에도 참여하지 않았던 교육생이 있었다. 그분은 심지어 점심시간에 식사하러 가지도 않았다. 너무 걱정이 되어 물어보지 않을 수 없었다. 알고 보니, 교육 오기 직전 새벽에 맡은 업무에 문제가 터졌고 당장 해결할 수 없어서 답답함을 느꼈던 것이었다. "지금 일이 꼬여서 머릿속이 복잡해 죽겠는데, 교육이 무슨 소용인가요? 아무것도 못 하고 있는 저는 밥 먹을 자격도 없어요." 라고 인상을 찌푸리며 말했다. 일에 문제가 생긴 것은 속상한 일이지만, 밥을 먹는 자격이 사라지는 것은 아니다. 고통에 지나치게 집중해서 모든 것을 차단한 채, 고통 안에만 스스로를 24시간 가두지 않아도 괜찮다.

우리에게 찾아오는 삶의 여러 가지 고통 중에 우리가 어찌하지 못하는 해결할 수 없는 고통들이 있다. 그럴 때는 고통에 집중하지 말고 전환해야 한다. 그 방법을 비유적으로 이야기하자면, 나의 마음이 투명한 유리컵이라고 생각해 보자. 평상시에는 깨끗한 물이 가득 차 있었지만, 어느 날 누군가가 와서 돌을 던지기도 하고, 흙을 끼얹기도 해서 흙탕물로 가득 찬 오염된 물이 된 것이다.

평정심의 감정을 깨끗한 물, 부정적인 감정을 흙탕물로 비유해서 생각해 보자. 그 흙탕물을 우리는 깨끗하게 정화하고 싶다. 부정적인 감정을 평화로운 감정으로 되돌리고 싶다. 흙탕물을 없애기 위해 정화 장치를 설치하고, 약품을 붓고 흙을 한 알

한 알 체로 걸러 낼 수도 있다. 이것이 문제의 근원을 없애는 방법이다. 그러나, 그렇게 하기 위해서는 많은 시간과 에너지와 비용이 들며, 한 알 한 알 흙을 완전히 걸러내기는 현실적으로 매우 어렵다.

그림 : AI CANVA

그러나, 이 방법은 어떤가? 흙탕물을 그대로 두는 것이다. 그대로 두고, 대신 거기에 깨끗한 다른 물을 양동이에 가득 따라와서 내 마음 유리컵에 계속 붓는 것이다. 다른 깨끗한 물을 흙탕물 유리컵에 계속 붓다 보면, 시간이 지나면 흘러넘치고 흙탕물이 없어지는 것은 아니지만 희석된다. 희석되어 흙탕물은 옅어지고 완전히 깨끗한 물이 되진 못하더라도 어느 정도 맑게 변

한다. 문제의 근원인 흙을 한 알 한 알 걸러내지 않고 그냥 두었지만, 다른 깨끗한 물이 와서 희석된 것이다. 나의 마음도 마찬가지로 해 보자. 근원을 해결할 수 없다면, 통제 밖의 문제라면 그냥 그 흙탕물을 내버려 두자. 그리고 대신 깨끗한 물을 가져와서 계속 부어주자. 좋아하는 취미 활동이나 스스로를 기분 좋게 해주는 모든 것이 깨끗한 물이 될 수 있다. 산책, 맛집, 운동, 넷플릭스… 무엇이든 좋다.

우리가 흔히 착각하는 것 중에, 감정의 근본적인 원인이 사라지지 않으면 절대로 행복해질 수 없다는 믿음이 있다. 그렇지 않다. 우리는 속상하면서 동시에 기쁠 수 있다. 불행과 행복을 동시에 느낄 수도 있다. 그렇게 복잡하게 생각하지 않아도 된다. 취업에 실패해도 치킨을 맛있게 먹어도 괜찮고, 아이가 아파도 직장 동료와 이야기하며 웃을 수 있다. 다 괜찮다.

원래 삶은 고통의 연속이다. 고통이 해결되지 않으면 행복해질 수 없다고 스스로를 가두면 평생 행복한 순간은 오지 않는다. 고통 속에서도 행복할 수 있다. 가시밭길을 걸어가는 그 길에서도 하늘을 올려다보며 잠시 행복을 느낄 수 있고, 지나가는 나비 한 마리를 보고 미소를 지을 수도 있다. 울다가 웃어도 엉덩이에 뿔은 나지 않는다.

잠깐 웃는다고 산책 좀 한다고 뭐가 달라지는데? 문제가 해결되지 않는데 그런 것들이 다 무슨 소용이야. 그러나 소용이 있다. 우리가 갖고 있는 감정의 원인이 된 상황 중에 상당히 많은 부분은 우리의 통제 권한 밖의 일들이다. 우리가 어찌할 수 없는 문제들이 많다. 진상 고객을 오지 못하게 할 수도 없고, 날 괴롭히는 상사를 출근하지 못하게 할 수도 없다. 내 힘으로 바꿀 수 없는 것들이 많다. 내가 통제할 수 없는 고통이라면 거기에 집중하기보다 내버려 두자. 대신에 다른 것들로 그 자리를 덮어보자.

다른 좋은 것들로 나를 채우면 그만이다. 내가 통제할 수 있는 것을 찾아 나에게 좋은 감정을 많이 주입해 주는 것이다. 고통은 사라지지 않고 앞으로도 계속 나를 찾아와 괴롭히겠지만, 나는 좋은 경치도 보고 맛있는 음식도 많이 먹고 좋은 음악도 들으며 다른 좋은 것들을 나에게 계속 부어줄 수는 있다. 고통이 사라지지 않아도 우리는 행복해질 수 있다. 고통에 집중하지 않고 전환할 힘만 있다면 말이다.

우리가 인생을 살아가다 보면, 주삿바늘에 찔려야 하는 경우가 있다. 이 주삿바늘에 집중해서 "너무 깊숙하다. 바늘 따갑다. 아프다. 왜 하필 나지? 내가 왜 이 주삿바늘에 찔려야 하지? 주삿바늘의 원인은 무엇이고, 주삿바늘을 어떻게 하면 없앨 수 있지?" 생각하지 말자. 어차피 피할 수 없는 주삿바늘이라면 바늘을 생각하지 말자. 그리고, 창문을 열어 맑은 하늘도 보고 따뜻한 커피 한 잔 마시자. 그러다 보면 춤도 추고 웃을 수 있게 되는 것이다. 앞으로 우리는 계속 주삿바늘에 찔리겠지만, 그럼에도 웃을 수 있고 '행복'을 선택할 수 있다.

「고통이 사라지지 않아도 우리는 행복해질 수 있다.
고통에 집중하지 않고 전환할 힘만 있다면 말이다.」

### 내 감정 한 줄 정리하기

# 당신이 먹이를 주는 쪽의
# 늑대가 자란다: 뇌 가소성

전해져 오는 인디언 속담 중에 '두 마리 늑대'라는 것이 있다. 모든 사람의 마음속에는 두 마리 늑대가 살고 있는데 한 마리는 평화와 기쁨의 늑대, 또 다른 한 마리는 분노와 좌절의 늑대라는 것이다. 두 마리 늑대가 싸우면 누가 이길까? 그에 대한 대답은 바로 "당신이 먹이를 주는 쪽"이다. 이처럼 우리는 생각하는 방향대로 습관이 형성되고 그것이 내 삶이 된다.

먹이를 주는 쪽의 늑대가 자란다는 속담을 '뇌 가소성'으로 이야기해 볼 수 있다. '뇌 가소성'이란 우리가 경험하는 환경에 따라 뇌가 구조적, 기능적으로 변화하는 능력을 말한다. 우리가 생각하는 방향으로 뇌에 길이 생겨난다. 쉽게 이야기해서 많이 생각하는 방향으로 뇌가 발달한다는 것이다. 많이 쓰는 길은 강해지고, 잘 안 쓰는 길은 약해진다.

감정은 습관이다. 부정적인 감정을 자꾸 느끼는 습관을 갖게 되면, 어떤 상황이 닥쳤을 때 자기도 모르게 우리의 뇌가 부정적인 감정을 느끼게 하는 뇌신경 전달 물질을 보내 부정적 감정을 선택하게 한다. 반대의 경우, 평소에 긍정적인 감정을 자주 느꼈던 사람은 특정 상황에 처했을 때 굳이 노력하지 않아도 자동으로 긍정적인 감정을 우리 뇌가 선택하게 만들 수 있다. 특정 상황에서 긍정적인 감정을 느끼려고 노력하기는 어렵지만, 평소에 긍정적인 감정을 자주 느낀다면 어떤 상황에 닥쳤을 때 자동화된 긍정 감정을 유발하는 것은 더 쉽다.

예를 들어, 상사에게 안 좋은 이야기를 듣는 상황에서도 평소에 '긍정적 감정 습관'을 갖고 있는 사람은 굳이 열심히 노력하지 않아도 부정적인 감정을 더 적게 느끼고 긍정적으로 상황을 바라보게 될 확률이 높아지는 것이다. 긍정적인 사람이란 어떤 사람일까? 그 어떤 상황에서도 꿋꿋하게 밝기만 한 사람일까? 그건 감정을 제대로 인지하지 못하는 사람이지, 긍정적인 사람이 아니다. 화가 나는 상황에서 분노의 감정을 느끼는 것이 당연하다. 여기서 긍정적인 사람은 상사에게 나쁜 지적을 받고도 허허 웃으며 기쁜 사람이 아니다. 그게 아니라, 부정적인 상황에서도 스스로 마음을 덜 다치게 할 수 있고, 또 속상하고 화가 나지만, 그것을 긍정적인 감정으로 금세 전환하는 힘을 갖고 있는 사람을 말한다. 긍정적인 사람은 화가 안 나는 사람이 아니라, 화를 내더라도 금세 화나는 감정을 컨트롤해서 긍정적인 감정을 불러올 수 있는 사람이다. '상사가 또 뭐라고 하네. 내가 실수한 것도 아닌데 나한테 뭐라 그래서 기분 나쁘네. 억울하고 화가 나네. 에휴… 그렇지만, 어쩌겠어. 상사도 답답하니까 그런가 보네. 쟤도 참 딱하다…. 어쩔 수 없지. 방법이 어디 있겠지 뭐.'라고 생각하는 것이 긍정적인 사람의 경우이다.

결국 긍정적인 사람도 '좋은 감정의 습관'으로 만들어진다. 상사가 나쁜 소리를 하는 그 상황에서 갑자기 긍정적인 감정을 느끼려고 노력하는 것은 어렵다. 감정을 그때그때 내 의도대로 자유롭게 느낄 수는 없다. 그러나, 평소에 힘든 상황에서도 이를 극복하고 전환해서 다시 긍정의 감정을 불러오는 습관을 갖고 있는 사람은 어떤 상황에서도 감정을 조절할 수 있다.

지금부터라도 가능하다. 우리의 뇌에 긍정적 감정을 느끼는 길을 새겨보자. 당연하다고 생각했던 일상의 일들을 감사하다고 기분 좋다고 일부러 생각하고 이를 습관으로 만들어 보는 것이다. '날씨가 좋아서 기분이 좋다, 오늘은 내가 좋아하는 반찬을 먹을 수 있어서 좋다.' 등의 소소한 긍정적인 감정 신호를 습관처럼 인지해 보자. 일상에서 좋은 일이 없다면 일부러 좋은 일을 찾아서 최대한 자주 긍정적인 감정을 느낄 기회를 주자. 커피를 좋아하는 사람은 카페에 스스로를 자주 데려다 놓아야 하고, 고양이를 좋아하는 사람은 고양이가 나오는 유튜브 영상을 자주 찾아봐야 한다. 그러면서 더 자주 긍정적인 감정을 느끼게 할 기회를 주자. 긍정적인 쪽으로 뇌가 길을 만들 수 있도록 해 보자.

가만히 앉아서 '긍정적인 감정을 느껴야지.'라는 의지만으로는 안 된다. 몸을 움직여 긍정적인 기회 속에 스스로를 데려다 놓아야 긍정적인 감정이 올라올 수 있다. 그리고, 그 기회를 최대한 자주 갖는다면 긍정적인 감정이 습관화될 수 있다. 이를 〈기분 좋아지기 훈련〉이라고 이름 붙여본다. 물론 처음엔 어렵겠지만, 괜찮다. 지금 한 걸음 작은 걸음을 디뎌 보기를 응원한다.

「감정은 습관이다.
내가 좋아하는 감정으로 뇌의 길을 새겨보자.」

**내 감정 한 줄 정리하기**

## 나쁜 것은 빨리 털고, 좋은 것은 곱씹자

"인생이란 폭풍이 지나가길 기다리는 것이 아니라, 빗속에서 춤추는 법을 배우는 것이다." 미국의 예술가이자 기업가 비비안 그린(Vivian Greene)이 한 말이다. 우리는 살다 보면, 종종 폭풍우를 만나게 된다. 이 폭풍우를 그냥 흘러가는 대로 내버려 두면 된다고 하지만, 그 폭풍 중에 우리에게 상당한 고통을 주는 경우들이 꽤 많다. 폭풍에 압도되어 비가 그쳤는데도 계속해서 남은 인생을 내내 폭풍으로 살아가는 사람들이 있다. 반대로 폭풍이 내리는 그 순간에도 웃으며 춤을 추며 살아가는 사람들이 있다.

폭풍이 계속되는 것처럼, 우리의 삶은 계속된다. 그래서 우리는 폭풍 속에서도 웃을 수 있는 방법을 찾아야 한다. 폭풍을 피할 수 없지만, 폭풍 속에서도 춤을 출 수는 있다.

오래전 내가 직장생활을 했을 때의 일이다. 늘 폭풍 속에서 춤을 추는 동료가 있었다. 그 동료와 나는 경력직으로 입사해 기존 팀에 합류하게 되었다. 텃세라는 말로 표현하기 어려운, 기존 팀원들 간에 공고한 무엇인가가 있는 팀이었다. 게다가 팀장님께는 특별히 신뢰하는 직원이 있었고 업무 분장이나 업무 평가에 있어서 그러한 주관적 관점이 꽤 크게 반영되었다. 이런 일들이 자주 반복되다 보니, 팀원들의 직장생활은 폭풍우의 연속이었다.

출근해서는 웃을 수 없는 것처럼 느껴졌다. 퇴근하고 나서 비로소 웃을 수 있는 폭풍우가 계속되는 나날들이었다. 수시로 분노하는 동료가 있었고, 툭하면 이직을 고민하는 동료도 있었다. 모든 상황에서 열정과 의지를 잃은 자포자기를 선택한 동료도 있었다. 이 폭풍우 속에서 저마다 다양한 방식의 우산을 쓰고 유유히 걸어가고 있었다.

나도 어떤 우산을 써야 하나 고민을 하고 있던 때에, 내 옆에 그 폭풍 속에서 춤을 추고 있는 동료가 눈에 띄었다. 다른 사람들은 모두 우산을 펼치기 바쁜 이 때에, 왜 춤을 추고 있을까? 그 동료의 마음속이 궁금했다.

나는 은밀하게 그 동료와 대화를 나누기로 마음먹었다. "대리님, 안 힘들어요? 어떻게 맨날 웃고 있어요?" 동료의 대답은 내가 기대했던 것과 전혀 달랐다. "저는 퇴근하고 맨날 볼링 치러 가요." 그 동료가 볼링 동호회 활동을 한다는 것은 알았지만 그게 이 일과 무슨 상관인가? "볼링 때문에 웃는다고요?"라는 나의 질문에 동료는 생각만 해도 기분이 좋은지 "매일 행복하니까요."라고 웃으며 답했다. 가만히 생각해 보니 동료의 말이 맞다. 무릎을 탁 치며 '유레카!'를 외치고 싶었다.

볼링을 친다고 해서, 즉 자신이 좋아하는 시간을 갖는다고 해서 문제의 근원인 회사생활이 바뀌지는 않는다. 내 마음의 고통인 문제의 근원은 그대로 있다. 정답은 바로 여기에 있다. 우리는 고통스러운 일이 생기면, 반복적으로 그 나쁜 일을 떠올리며 문제의 원인을 파악하고 그 문제를 제거하려고 애를 쓴다. 나를 괴롭히는 문제가 사라져야 나는 행복할 수가 있기 때문이다.

그러나, 대부분의 우리를 괴롭히는 문제들은 우리가 해결할 수 없다. 내가 통제할 수 없는 '외부요인'인 것이다. 내가 팀장님을 뜯어고칠 수도 없고, 회사를 뜯어고칠 수도 없다. 고통에 집중하고 파고들어서 고통을 해결하려고 하면 할수록 우리는 더욱더 고통의 수렁에 깊게 빠지게 된다. 나쁜 일들은 곱씹어서 생각하면 할수록 해결되지 않고 고통의 깊이만 깊어진다.

나쁜 것은 빨리 털어버리자. 대신, 좋은 것은 많이 주입하고 반복적으로 곱씹어 보자. 그런다고 나쁜 일들이 없어지지 않았지만, 희석되고 다른 좋은 것들로 덮어질 수는 있다. 나의 동료가 직장에서의 어려움에 집중해서 우산을 고르는 데 에너지를 쏟는 대신, 폭풍을 그대로 내버려 두고 '볼링'이라는 춤을 선택한 것처럼 말이다. 회사에서의 나쁜 일을 반복해서 떠올리는 것이 아니라, 재밌게 볼링을 쳤던 기억을 반복해서 떠올리는 것이다.

우리의 뇌는 경험하는 것과 생각하는 것을 구별하지 못한다. 상큼한 레몬, 달콤한 아이스크림을 상상하면 입에 침이 고이는 것이 그 증거이다. 이미 지나가 버린 과거에 일에 대한 후회, 아직 일어나지 않은 미래의 일에 대한 불안과 걱정 등 나쁜 일들을 떠올리는 것만으로도 우리 뇌는 그런 나쁜 일을 실제로 겪는 것처럼 고통을 느낀다. 경험과 생각을 구별하지 못하기 때문이다. 이미 지나가 버린 과거의 나쁜 일도, 마치 현재 경험하는 것처럼 생생하게 느끼는 것이다. 반대로 좋은 일이 일어난다고 상상하는 것만으로도 우리 뇌가 현재 그 좋은 일을 경험한다고 착각하며 긍정적인 감정을 불러올 수 있다.

그래서 우리는 부정적인 기억과 감정은 빨리 털어내야 하고, 긍정적인 기억과 감정은 여러 번 곱씹어야 한다. 나쁜 기억은 다시 되새김질해서 반복적으로 떠올리기보단 최대한 그만 생각하는 것이 좋다. 좋은 기억은 여러 번 생각하고, 당시엔 몰랐어도 다시 떠올리니 정말 좋았다고 느끼고 반복적으로 꺼내 보는 것이 좋다.

물론, 쉽지 않다. 부정적인 기억이 계속 떠올라 나를 괴롭히는데, 긍정적인 것은 당연하다고 여기며 그냥 넘어가는 경우가 많다. 그래서 인위적으로 일부러 그렇게 떠올리려고 발버둥 쳐봐야 한다. 그리고 우리의 일상에서 그렇게 대단히 좋은 일이 자주 일어나지 않는다. 그래서 한 번 경험한 좋은 일을 되새김질하며 계속 재활용해야 한다. 친구나 가족과의 즐거운 추억을 계속 곱씹어 보기, 맛있게 먹었던 음식을 다시 떠올려 보기, 바보처럼 좋은 상상해 보기, 기분 좋은 말을 들었던 순간을 머릿속에 다시 그림 그려보기 등의 노력을 해 보자. 처음엔 어렵겠지만 반복적으로 의식적으로 노력하면 가능해질 수 있다.

> "인생이란 폭풍이 지나가길 기다리는 것이 아니라,
> 빗속에서 춤추는 법을 배우는 것이다."
> −비비안 그린(Vivian Greene)−

### 내 감정 한 줄 정리하기

～～～～～～～～～～～～～～～～～～～～～～～～～

～～～～～～～～～～～～～～～～～～～～～～～～～

～～～～～～～～～～～～～～～～～～～～～～～～～

～～～～～～～～～～～～～～～～～～～～～～～～～

～～～～～～～～～～～～～～～～～～～～～～～～～

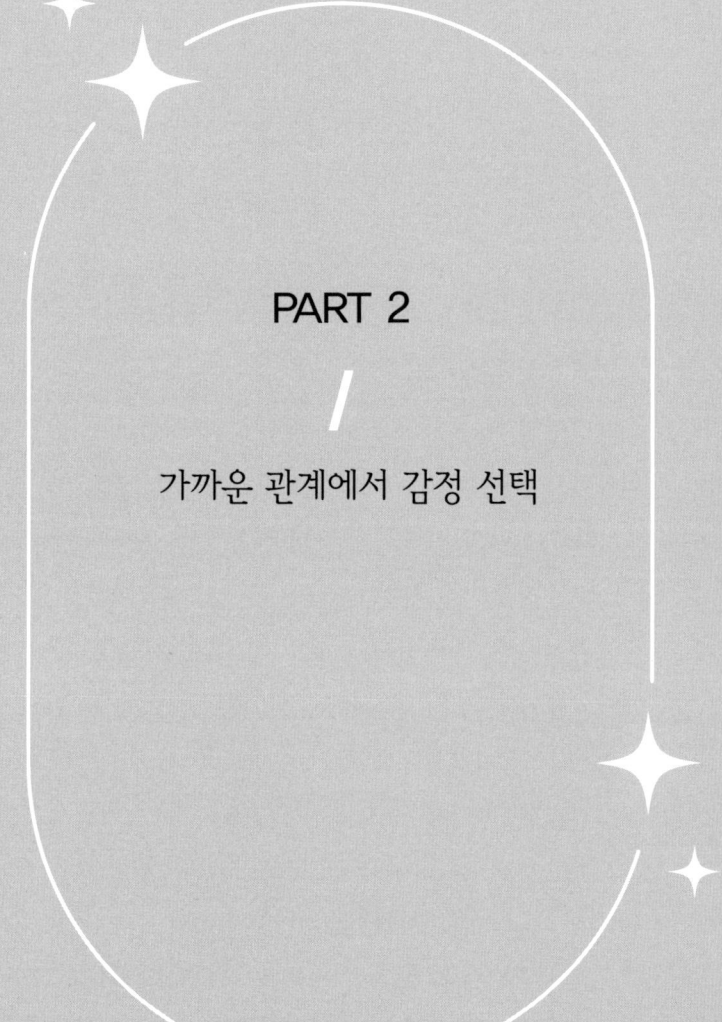

# PART 2

## 가까운 관계에서 감정 선택

## 분노의 전염, 행복의 전염

강의장에 들어가기 전, 내가 하는 루틴 중 하나는 바로 감정을 최상의 상태로 끌어올리는 것이다. 강의장으로 이동하는 차 안에서 좋아하는 음악을 듣거나 좋은 생각을 최대한 떠올리려고 한다. 물론, 피곤하고 쉽지 않다. 일하러 가면서 마냥 웃을 수만은 없겠지만, 그래도 그 상황에서 할 수 있는 만큼의 좋은 감정을 유지해 보려 노력한다. 그 이유는 사람의 감정이 전이되기 때문이다.

웃으며 강의장으로 오는 교육생은 많지 않다. 자발적이라기보다는 교육도 출근의 연속이기 때문일 것이다. 이런 교육생들에게 감정적 위로를 건네려면 우선, 강사가 좋은 감정 상태여야 한다. 강사가 어두우면 강의장 전체가 어두워진다. 강사가 밝으면 교육생들도 밝아진다.

비만이 전염된다는 놀라운 연구 결과가 있다. 내가 정상 체중

이어도, 내 친구가 비만이면 향후 몇 년 뒤 내가 비만이 될 확률이 약 45% 증가한다. 그리고 내 친구의 친구가 비만이면 내가 앞으로 비만이 될 확률이 약 25% 증가한다. 친구의 친구의 친구가 비만이면, 내가 비만이 될 확률이 약 10% 증가한다.

사실, 친구의 친구의 친구면 나와는 무관한 남이다. 그렇지만 우리는 사회적 연결망 안에서 서로 영향력을 주고받는다는 것이다. 비만은 하나의 예시일 뿐 감정과 습관, 행복과 불행 등 서로 주고받는 영향력은 다양하다. '사회학자 니콜라스 크리스타키스(Nicholas Christakis)'는 연구를 통해 이러한 사회적 연결망 속에서의 영향력을 밝혀냈다. 『CONNECTED 행복은 전염된다』는 그의 저서에서 이 3단계 영향의 법칙을 설명한다.

불행의 길로 들어서는 가장 빠른 지름길은 무엇일까? 바로, 불행한 사람 옆에서 24시간 함께 하는 것이다. 우리는 사회적 동물이다. 내가 아무리 굳건한 의지로 내 감정을 긍정상태로 관리하고자 하여도 시커먼 불행 에너지를 내뿜는 사람 옆에선 웃을 수 없다. 내 주변에 부정적인 감정으로 가득 찬 사람들을 모두 피하면 나는 행복해질 수 있을까? 그건 아니다. 오히려 반대로 생각해야 한다. 나를 중심으로 행복한 사회적 연결망을 구축하는 방법이 훨씬 더 현명하다.

친구의 친구의 친구에게도 영향을 주는데, 매일 얼굴을 보는 가까운 가족에게는 내가 주는 영향력의 크기가 얼마나 클까? 식당이나 마트에서 가족끼리 함께 나오는 경우를 보면, 보통 가족들 표정이 비슷하다. 보통 밝은 표정의 부모가 웃고 있는 아이들을 데리고 온다. 사회적 연결망 안에서도 가족이나 연인, 아주 가까운 친구 등 Strong Link로 연결된 관계에서는 서로 더 강력한 영향력을 주고받게 된다.

부모님을 웃게 해드리는 방법은 바로 내가 웃는 것이다. 나의 아이를 행복하게 키우는 방법은 바로 내가 행복한 사람이 되는 것이다. 나의 소중한 친구를 웃게 해주는 강력한 방법도 바로 내가 웃는 사람이 되는 것이다. 누군가를 행복하게 해주고 싶다면, 나를 중심으로 행복 바이러스를 퍼뜨리는 사회적 연결망을 구축하는 방법이 좋다. 우리는 가족과 소중한 누군가를 행복하게 해주기 위해 무언가를 사주고, 어딘가를 데려가고 여러 가지 노력을 한다. 그런데 더 쉬운 길을 가보자고 말하고 싶다. 가족에게 무언가를 해주려 애쓰기 전에 먼저 내가 좋은 감정을 느껴보자.

내가 먼저 웃고, 그 웃음 바이러스를 가족에게 퍼뜨리는 것이다. 나도 좋고 가족도 좋아지는 길이다. 이렇게 모두가 좋아질 수 있는 길이 있는데, 굳이 먼 길을 돌아갈 필요 없다. 효도의 첫 단계는 내가 행복한 모습을 보여주는 것, 자녀 교육의 첫째는 웃고 있는 내 모습을 보여주는 것, 좋은 친구가 되는 지름길은 나의 감정을 관리하는 것이다.

「사회적 연결망 안에서 우리의 감정은 전염된다.
소중한 사람을 웃게 하고 싶다면,
내가 먼저 웃어야 한다.」

내 감정 한 줄 정리하기

## 상대방이 준 쓰레기를 내 침대까지 가져오지 말자

　길을 걸어가다 누군가가 내 손에 쓰레기를 꼭 쥐여 주고 갔다. 그러면 어떻게 해야 할까? 그 즉시 쓰레기통에 쓰레기를 버리면 그만이다. 왜 하필 나인지, 내가 무엇을 잘못해서 나에게 이런 쓰레기를 주었는지 생각해 볼 필요 없다. 쓰레기를 준 상대방과 싸울 필요도 없다. 상대방은 아무 생각이 없었을 것이다. 그게 꼭 나라서, 내가 뭘 잘못해서가 아니라 그냥 내가 거기 있었을 뿐이다.

　그 쓰레기를 주머니에 소중하게 담아와서 내 방 침대에까지 가져갈 필요는 없다. 침대로 쓰레기를 가져와, 쓰레기를 다시 펼쳐보고 자세히 관찰해 보고 할 필요는 더욱 없다. 몇 날 며칠이고 그 쓰레기를 내 방 침대 머리맡에 두고 매일 밤 펼쳐서 꺼내 볼 필요는 전혀 없다. 그러나, 우리는 종종 감정의 쓰레기를 이렇게 한다. 법륜스님은 저서 『지금 이대로 좋다』에서 "나를 괴롭히는 상대방의 말은 쓰레기라 생각하고 즉시 버려야 한다."고 말씀했다. 우리는 가까운 사이일수록 감정 쓰레기를 서스럼없이 주고 받으며, 받은 그 쓰레기를 침대까지 더 많이 가져온다. 내가 듣고 싶지 않은 잔소리, 걱정을 가장한 비난, 내가 한 일에 대한 부정적 피드백, 이유 없는 공격, 자신의 감정을 일방적으로 쏟아내는 감정 쓰레기통 등등… 우리는 가까운 사이에서 더욱 상대방의 감정을 무너뜨리는 실수를 한다.

사회적 관계에서는 서로의 체면이 있고 예의를 갖추다 보니 적당한 선을 지킨다. 그러나 상대방과 나의 경계가 허물어진 가족, 배우자, 자녀, 친한 친구 등 가까운 사이에서 오히려 선을 넘는다. '친하니까 이해해 줄 거야. 내 마음 알겠지 뭐, 다 널 걱정해서 하는 말인데, 네가 나이고 내가 곧 너인데…'라는 생각을 하는 것이다. 마음의 울타리가 없기 때문에 더욱 쉽게 그 선을 넘어선다.

우리는 하루에도 몇 개씩 감정의 쓰레기를 주고받으며 살아간다. 그것이 감정의 쓰레기라고 인지하지도 못한 채로 말이다. 그리고 그 감정의 쓰레기가 내 방 침대에 차곡차곡 모여서 쌓이다 보면 쓰레기는 썩고 고약한 냄새를 풍기게 된다. 그 고약한 냄새로 인해 감정의 골이 깊어지고 관계가 틀어지고 삶이 괴로워진다.

그러므로 그 감정의 쓰레기는 받으면 그냥 그 즉시 쓰레기통에 버려야 한다. 물론 상대방에게 감정 쓰레기를 받으면 내 감정도 같이 오염된다. 선 넘는 얘기를 들으면 당연히 기분이 더럽다. 그런데 그 더러운 기분에 많이 반응하지 말고 가능하면 빨리 흘려보내자. 그 감정 쓰레기를 주머니에 오래 두지 말고 최대한 빨리 쓰레기통을 찾아 버리자. 우리는 원하는 감정을 조작해서 원하는 대로 느낄 수는 없지만, 떠오른 감정에 얼마나 반응할지는 선택할 수 있다.

가족, 부모님, 배우자, 자녀 등 가까운 관계에서는 그 관계를 끊어버리기 어려운 경우들이 있다. 물론 절연하면 된다고 하지만, 그게 말처럼 쉽지 않은 상황들이 있다. 상대방을 바꿀 수도 없고 상대방과의 관계를 완전히 끊어낼 수도 없다면, 적어도 상대방이 주는 감정 쓰레기라도 빨리 처리해 버리자.

가까운 관계에서 우리는 특히 서로에게 상처 주기 쉽고, 그렇다고 상대를 끊어내긴 어렵다. 물론 최악의 경우는 그 관계를 끊어내는 것이 유일한 해결책인 경우도 있다. 그런 경우가 아니라면, 어차피 상대방 옆에 존재할 것이라면 감정 쓰레기를 잘 관리해 보자는 것이다. 우리가 공존하기 위해 필요한 것은 서로가 준 감정 쓰레기 관리이다. 더 이상 상대방이 준 감정 쓰레기를 내 방 침대까지 가져오지 말자.

「상대방이 준 감정 쓰레기를 내 방 침대 머리맡에 두고
매일 밤 펼쳐 꺼내 볼 필요 없다.
감정 쓰레기는 내 탓이 아니다.
그러니, 마음 편히 쓰레기통에 부담 없이
그냥 툭 하고 버려도 괜찮다.」

### 내 감정 한 줄 정리하기

## 화목한 가정이라는 환상

괜찮은 인생을 사는 사람이 되려면, 부모님께 효도하고 형제자매와 우애 좋게 지내고, 배우자와 자녀를 사랑해야 한다. '행복한 삶' 하면 TV 드라마 속에 온 가족이 식탁에 모여 하하 호호 웃으며 함께 식사하는 장면이 떠오른다. 사실 드라마는 드라마일 뿐, 현실에서 이렇게 완벽하게 화목하기만 한 가족의 비율은 높지 않다. 허상이고 환상에 가까운 것이다. 그러나 그 환상을 좇느라 우리는 많은 부분을 놓치고 살아가게 된다. '행복의 필수는 화목한 가정이라는 환상'에서 깨어나면 오히려 더 행복할 기회가 더 많아진다.

어린 시절 친구 집에 놀러 가면 그렇게 부러운 것들이 많았다. 우리 집엔 없는 캐릭터 목욕샴푸도 부럽고, 친구 아버지가 해외 출장에서 사온 과자도 부럽고, 친구 집에 있는 강아지도 부럽고, 무뚝뚝한 우리 아버지와 달리 상냥한 친구의 아버지도 부러웠다. 지금 와서 생각해 보면 별것 아닌 것들인데, 그 당시에는 그런 것들이 상당히 인상 깊었다. 사실, 정확하게 캐릭터 목욕샴푸, 강아지, 과자가 부러웠던 것은 아니었다. 그 부러움의 진짜 이유는 드라마 속에 나오는 화목한 가정의 모습을 완벽히 갖춘 것처럼 보여서였다. 물론, 그 친구의 집도 외국 과자가 항상 있는 것은 아니었을 것이고, 친구 아버지도 아이 친구가 왔으니 상냥했을 것이다. 우리가 돌아가고 난 뒤 친구 아버지가 엄격한 모습일 때도 있을 것이다. 우리 아버지도 상냥할 때가 있다. 그리고 우리 집에도 내가 좋아하는 과자가 꽤 자주 있었다. 어린 마음에 괜히 부러움을 느꼈던 것이었다. 그리고 그 부러움은 '완벽하게 화목한 가정'이라는 환상에서 기인된 것이었다.

우리는 이렇게 아주 오래전 어린 시절부터 '완벽하게 화목한 가정'이라는 허상을 좇고 갈망한다. 거기서 조금이라도 벗어나면 괜찮은 인생을 살기에 부족하다고 느끼게 된다. 그리고 그러한 틀에서 내가 할 수 있는 최선의 노력을 다한다. 완벽하게 화목하기 위해, 가족을 무조건 항상 언제나 사랑해야 하고 그렇게 되기 위해 애쓴다. 가족은 24시간 365일 언제나 서로를 사랑하기만 해야 할까? 그래야 우리가 행복한 삶을 사는 것일까? 가족을 완벽히 사랑하지 못해도 괜찮다. 때로는 가족을 미워하는 감정이 들 수도 있다. 그래도 괜찮다. 어린 시절 부모님께 혼나면 사실 부모님이 미웠다. 그 감정을 느끼는 나 자신이 더 싫었고 죄책감이 크게 자리했다. 그건 어른들도 마찬가지다. 물론 가족마다 상황이 다르고 저마다의 가정사가 있겠지만, 가족을 미워하는 감정이 잘못됐거나 무조건 비난받아야 하는 감정은 아니다.

세상에 모든 가족이 화목하지 않고, 모든 부모님이 자상하고 따뜻하지 않다. 그리고 그 안에서 가족을 미워하게 될 수 있다. 가족을 미워한다고 해서 그 사람이 나쁜 사람이 되는 것은 아니다. 그리고 가족이 서로 미워할 만큼 화목하지 않은 가정이어도, 우리는 행복한 사람이 될 수 있다. 화목한 가정에서 태어나지 않았다고 해서, 꼭 불행한 사람이 되는 것은 아니다. 얼마 전 SNS에서 "화목한 가정에서 자라지 못하면 좋은 배우자가 될 수 없다."는 내용의 글을 읽었다. 이 문장이 얼마나 폭력적이고 또 허상인지 현명한 사람들은 알 수 있다. 행복의 필수는 화목한 가정이라는 환상, 가족을 언제나 사랑해야만 된다는 굴레에서 벗어나서 더 자유롭게 내 마음을 놓아주자. 그래야 우리는 행복에 한 발짝 다가갈 수 있다.

「행복의 필수는 화목한 가정이라는 환상에서 깨어나면
오히려 행복할 기회가 더 많아진다.」

## 내 감정 한 줄 정리하기

## 혼자서도 외롭지 않게, 함께하면서도 성가시지 않게

'혼자 있고 싶은데, 같이 있고 싶어.'라는 생각을 종종 한다. 가족과는 너무 붙어 있으면 좀 떨어져 있고 싶다. 그런데 또 너무 떨어져 있으면 보고 싶다. 정말 이상하고 알 수 없는 마음이다. 강의를 하다 보면 출장이 잦다. 월요일은 나주, 화요일은 울산, 수요일은 속초… 이렇게 지방에서 지방으로 연속해서 강의를 하는 경우엔 집에 돌아올 수 없다. 출장을 가면 꼭 가족들이 보고 싶다. 전화로 목소리를 들으면 그렇게 애틋하다. 그런데 신기하게도 주말에 하루 종일 가족들과 집에 붙어 있으면 종종 답답함이 느껴질 때가 있다. '혼자 조용히 있고 싶다.'는 생각이 들기도 한다. 도대체 이 아이러니한 감정이 무엇일까?

가까운 사이에서 가장 주의해야 할 것이 바로 '적당한 거리 유지'이다. 독일의 철학자 쇼펜하우어의 '고슴도치 딜레마'에서 이런 이야기가 나온다. 고슴도치는 추운 겨울 서로 체온을 나누기 위해 가까이 다가가지만, 너무 가까우면 서로의 가시에 찔려 고통을 느낀다. 그래서 다시 멀어지는데, 너무 멀어지면 춥다. 그래서 다시 가까이 다가가면 따갑다. 멀어지고 가까워지는 것을 조절하면서 서로 찌르지 않으면서도 적당히 따뜻한 거리를 알게 된다. 인간관계에도 마찬가지이다. 너무 가까이 다가가면 서로를 가시로 찌르게 되어 상처가 난다. 그렇다고 너무 멀리 떨어지면 체온이 떨어지고 추워지게 되는 것이다.

연인 사이에 자주 다투는 단골 소재는 바로 연락 문제와 함께 시간을 보내는 문제일 것이다. '왜 이렇게 연락을 안 해? 주말엔 무조건 만나야지. 나 안 보고 싶어?'라는 입장을 가진 사람과 '아무리 널 사랑해도 나 혼자만의 시간이 필요해.'라는 사람은 다툴 수밖에 없다. 잔잔한 호수 같은 평화로운 감정을 유지하기 위해서는 관계에서의 거리 조절이 필수이다. 그리고 혼자 있을 때도 외롭지 않게 나 자신과의 시간을 잘 보내는 방법을 터득해야 한다. 혼자만의 시간을 잘 보내지 못하는 사람은 누군가와 함께 있어도 늘 외롭다. 혼자서도 외롭지 않도록 충만하게 자립해야 누군가와 함께해도 행복할 수 있다. 또, 같이 있을 때도 서로 성가시지 않게 서로를 배려해 주는 적당한 거리와 선을 깨달아야 한다.

꼭 연인과의 관계가 아니더라도 가족이든 친구든 우리는 가까운 관계일수록 거리를 잘 조절해야 그 관계가 오래갈 수 있다. 그리고 나의 마음도 관계로 인해 다치거나 깨지지 않을 수 있다. 건강한 관계는 건강한 거리 조절이다. 고슴도치들처럼 우리도 너무 가까이 붙어서 서로 가시로 찌르지 않게, 그렇다고 너무 멀리 떨어져서 외롭고 추워지지 않게 말이다.

「건강한 관계는 건강한 거리 조절이다.
너무 가까워서 서로를 찌르지 않게,
너무 멀어서 춥지 않게 말이다.」

내 감정 한 줄 정리하기

## 가장 사랑하는 사람에게
## 가장 나쁜 사람이 된다

얼마 전 아이에게 크게 화를 낸 적이 있었는데, 잠든 아이 모습을 보며 내가 왜 그랬을까? 하는 후회와 미안함이 눈물로 송골 맺혀 떨어졌다. 나는 밖에서는 참 나이스한 사람인데 왜 집에서는 이런 화내는 모습일까? 하는 생각도 들었다. 강의장에서 교육생의 이야기를 들을 때는 따뜻한 눈맞춤과 경청, 그리고 응원과 지지의 피드백을 아끼지 않는다. 그런데 집에서 아이가 하는 말에는 때론 집중도 잘 안 해주고, 지적과 잔소리로 대답하게 된다. 참 아이러니하고 신기한 일이다. 평소에는 천사의 모습이다가, 가장 아끼고 사랑하는 아이 앞에서는 악마가 되는 것이다. 많은 반성과 노력이 필요하다. 나뿐만 아니라, 많은 사람이 공감할 수 있는 이야기일 것이다.

우리는 모두 사랑하는 사람에게 가장 잘해주고 싶다. 가족이나 연인, 소중한 친구에게는 내 모든 것을 내어 주어도 아깝지 않고 아무리 줘도 더 주고 싶다. 그런데 왜 그런 소중한 사람 앞에서 가장 나쁜 사람이 될까? 가장 사랑하고 가장 친근하니까, 그 사람 앞에서 경계가 풀어지고 편해지기 때문이다. 사회적 예의를 갖춘 가면을 벗고 내 본모습이 나오다 보니, 통제되지 않은 내가 툭툭 튀어나오기도 한다.

또, 너무 소중하니까 너무 과하게 상대방을 걱정하는 마음으로 잔소리를 한다. "엄마, 나 친구들이랑 놀러 가도 돼요?"라는 질문에 "그래! 어디 가니? 재밌겠다~! 좋겠다! 재밌게 놀고 와!" 하고 반응해 줘도 될 일이다. 그런데 꼭 "늦은 시간에 어디 가게? 너희끼리 갔다가 위험한 일 생기면 어쩌려고 그래! 숙제는 다 했어?"하고 다그치게 된다. 이것이 걱정인가 비난인가 말하는 나 자신도 헷갈린다. 그러나 이런 걱정을 가장한 잔소리를 멈추기는 쉽지 않다.

소중한 사람에게 내가 보여줄 수 있는 가장 나이스한 모습을 보여주고 싶다. 화가 나도 적당히 감정을 조절하며 부드럽게 할 말을 전달해야 하고, 지적할 때는 단호하면서도 차갑지 않아야 한다. 그런데 그러려면 또 하나의 가면이 필요하다. 얼마 전 유튜브에서 보게 되었는데, 배우 고소영 씨와 장동건 씨는 싸울 때 존댓말을 사용한다고 한다. 격해지는 감정을 컨트롤하고 서로를 배려하기 위해서이다. 존댓말이 실제로 얼마나 부부싸움을 줄이는지는 모르겠다. 그렇지만, 적어도 가장 사랑하는 사람 앞에서 자기도 모르게 가장 나쁜 사람이 되어버리는 것을 막기 위한 노력의 하나가 될 수는 있다.

편하다고 사랑한다고 나를 다 이해해 줄 것이라고 착각하지 말자. 가까운 관계일수록, 잊어버리게 되는 서로에 대한 존중의 가면을 챙겨야 한다. 그것이 나 자신의 마음도 상대방과의 관계도 지킬 수 있는 확실한 길이다.

「편한 것과 함부로 대해도 된다는 것은
완전히 다른 이야기다.
편한 사이에도 서로에 대한 예의와
존중이 필요하다.」

### 내 감정 한 줄 정리하기

## 과하게 희생하면 죄책감이 자라난다

어린 시절, 나의 어머니는 나에게 생선 가시를 발라주시곤 했다. 그리고 본인은 생선 가시에 붙은 얼마 남지 않은 생선만을 드시곤 했다. 자녀에게 좋은 것만을 주고 싶은 것이 부모의 마음이라는 것을 부모가 된 지금 너무나 잘 알고 있다. 이런 아낌없이 주는 존재에게 무한의 사랑을 받는 사람의 감정은 어떠할까?

사랑에 대한 고마움, 그리고 그에 보답해야 하는 부담감, 받은 것만큼 보답하기 어려움에 대한 미안함, 죄책감이 가슴 한편에 차곡차곡 쌓여간다. 희생이라는 형태의 사랑은 숭고하고 아름답지만, 반복될 때 그 빛을 잃게 된다. 내가 부모님의 생선까지 모조리 다 먹어버린 나쁜 사람이 된 것 같다. 자아를 삐뚤어지게 바라보는 경우가 생기기도 한다. 또, 살면서 실패하거나 넘어지면 부모님의 희생을 헛되이 만드는 듯하여, 삶의 작은 좌절에 대해서도 스스로를 지나치게 공격하게 되기도 한다.

삶이 힘들 때마다 어머니는 "너 때문에 이렇게 참고 살아간다."는 말을 자주 하셨다. 살아가면서 나에게도 힘든 일이 생겼었는데, 나는 감히 부모님에게 힘들다고 털어놓지 못하는 아이로 성장하게 되었다. 나보다 더 힘든 부모님이 날 위해 참고 견디는데, 나는 힘들면 안 되는 사람이어야만 했다.

사춘기 자녀가 고민을 털어놓고 힘든 일을 함께 나누기를 바라는 부모는 많다. 그러나, 어설프게 철이 들어버린 자녀들이 자신의 것을 아낌없이 내어 주며 희생하신 부모님에게 마음 놓고 자신의 아픔을 털어놓기란 쉽지 않다. '우리 부모님이 나를 어떻게 키워주셨는데, 내가 이러면 안 되지.' 가장 가까운 사람에게 털어놓아야 할 마음이 때론 가장 털어놓기 힘든 벽이 되어 버린다.

"엄마가 행복해야 아이도 행복하다."는 말을 요즘 세대 부모들은 인정하기 시작했다. 아이에게 희생하지 말고, 같이 행복해지자. 생선 한 조각을 더 많이 먹게 하는 것보다, 한 조각을 반으로 나눠 먹더라도 가족에게 사랑을 나눠주고 스스로 좋은 사람이라고 느끼도록 하자. 누구나 살다 보면 힘든 일이 생길 수 있고, 힘들 땐 가족에게 털어놔도 괜찮다. 우리는 살면서 앞으로 많은 실패를 하게 될 것이고, 내가 겪는 실수도 좌절도 가족에게 미안한 일이 아니다.

그리고 사랑은 채권 채무 관계처럼, 꼭 받은 만큼 같은 양으로 돌려줘야 하는 것이 아니다. 자신이 가장 사랑하는 사람에게 마음의 빚을 가슴에 새기게 하지 말자. '항상 변함없이 그 자리에서 있어 주겠다. 너를 항상 응원한다.' 정도의 과하게 무겁시 않은 감성으로노 충분하다. 사랑하는 사람에게 너무 무거운 감정을 꾹꾹 눌러 원치 않은 만큼 과하게 퍼붓는 것보다는 때로는 적당히 가볍게, 그러나 변함없이 꾸준하게 그 감정을 잔잔한 호수처럼 전달하는 것도 좋은 방법이다.

「희생이라는 형태의 사랑은 숭고하고 아름답지만, 반복될 때 그 빛을 잃게 된다.」

내 감정 한 줄 정리하기

## 행복은 토요일 오후에 가족과 함께 먹는 치킨 같은 것

최근에 지방 출장으로 인해, 일주일 내내 집에 거의 들어가지 못했던 때가 있었다. 일반적으로 기업의 연수원은 인적이 드문 산속에 있는 경우가 많다. 그리고, 우리나라는 생각보다 넓고 모든 지역 간에 대중교통이 연결되어 있지 않다.

월요일은 대전에서 강의, 화요일은 강원도에서 강의, 수요일은 경기도에서 강의, 목요일은 경상도에서 강의, 금요일은 전라도에서 강의 등 이런 일정으로 강의 스케줄이 짜인 주에는 집에 들어가기가 쉽지 않다. 보통 강의는 아침 9시에 시작되어서 오후 6시에 종료되는 경우가 많다. 그러면, 강사들은 밤에는 운전해서 지역을 이동해야 하고, 숙소에 밤 10시~11시에 도착해서 다음 날 강의를 준비하거나 밀린 교재 작업을 한다. 새벽 1~2시쯤 잠에 들고 다시 다음 날 강의를 위해 아침 6시쯤엔 기상한다.

유난히 일정이 **빡빡**한 시기가 있다. 그러면, 어느 순간 에너지가 다 소진되어 그저 잠만 자고 싶어지는 순간이 온다. 방금 한 말을 잊어버리기도 하고, 식사를 하면서도 내가 무엇을 먹고 있는지 맛이 느껴지지 않기도 한다. 무엇보다, 이렇게 며칠 출장을 다녀오면 온몸에 염증이 생겨 아프지 않은 곳이 없었다. 요즘엔 운전을 너무 오래 하면 허리가 아파서 아침에 눈을 뜰 때 눈물이 난다. 몇 년 전 강의장으로 이동 중 교통사고가 났지만, 아픈 허리를 참고 강의를 한 이후에 생겨난 후유증이다. 그럼에도, 지난 몇 년간 정말 열심히 전국의 강의장을 달렸다. 어느 순간, 내가 도대체 왜 이렇게 열심히 하는지, 무엇을 위해 이렇게 가족들 얼굴도 못 보는가 하는 생각이 들었다.

생각해 보니, 나는 그저 행복해지고 싶었다. 나에게 주어지는 기회와 내가 하는 일에 감사했고, 내가 하는 일을 통해 인정받고 싶었다. 그래서 열심히 살았다. 그런데 요즘에는 도대체 그 감사함과 인정을 어떻게 행복으로 연결해야 할지 막막해졌다. 행복하게 살려고 달려온 나의 시간이 오히려 행복과 더 멀리멀리 멀어져만 가는 느낌이었다. 얼마 전, 아이에게 함께 여행을 가자고 제안을 했다. 아이는 이제 부모님과 여행 가는 것보다 친구들이랑 노는 것이 더 즐겁다고 한다. '언제 이렇게 다 커 버렸을까?' 일을 하느라 아이의 예쁜 시절을 옆에 있어 주지 못한 채 다 지나버렸다.

요즘 가끔 아이의 어린 시절 사진을 찾아보는데, 묘하게 슬픈 감정이 든다. 그립다. 사진 속으로 들어가서 아이를 꼭 안아 주고 하루 종일 아이와 붙어 있고 싶다. 내가 열심히 전국을 달리며 강의한 것은 물론 내 일에 내한 책임감과 인정 욕구였겠지만, 그건 결국 행복해지고 싶어서였다. 잘살아 보려고 했던 노력들이 방향성을 잃는 순간을 나뿐만 아니라, 많은 사람들이 한두 번쯤은 경험할 것이다.

대한민국에서 행복이란 현재에 누려야 하는 것이 아니라, 미래를 위해 현재를 참고 희생하면 언젠가 미래의 먼 훗날에 트로피처럼 거머쥐게 되는 존재로 여겨진다. '취업만 하면 행복해질 수 있을 거야.' '이 시험만 합격하면 나중에 행복을 누려야지.' 하는 먼 미래의 행복에 대한 약속부터 '퇴근하고 집에 가면 행복해질 거야.'하는 가까운 미래에 대한 행복도 예약제로 운영된다. 왜 우리는 지금 당장 행복할 자격이 없는 걸까? 내가 꼭 취업을 해야지, 그 시험에 합격해야지, 저 집을 사고, 저 차를 사고, 어떤 성공을 해야만 행복할 자격이 생기는 것일까? 막상 원하는 목표를 달성하고 나서 생각보다 그 행복이 대단히 크지도, 오래 지속되지 않을 수도 있다.

생각해 보면 행복은 별것 없다. 나에게 행복은 그저 사랑하는 가족과 맛있는 것을 먹으며 도란도란 이야기할 수 있는 그 순간이다. 우리 집은 일주일에 한 번 토요일, 아침에 각자 운동을 마치고 점심에 가족들과 모여 배달 음식을 먹는 루틴이 있다. 그 시간이 사실 가장 행복하다. 나의 일상에서 어느 순간이 가장 행복한지 떠올려 보자. 하는 일이 대단히 잘 되었을 때 느끼는 성취감이나 오랫동안 꿈꾸던 목표를 달성했을 때보다 배달 음식 먹으며 넷플릭스 볼 때 더 행복하진 않은가?

나라는 인간은 소박한 일에 크게 행복을 느끼는 유형의 사람이다. 동네 뒷산만 올라도 행복해진다. 근데, 자꾸 대단한 행복을 좇느라 나의 가장 가까이에 있는 손만 뻗으면 닿을 수 있는 진짜 행복들을 자꾸 놓친다. 사회가 정해준 이런 것들이 이루어져야 행복해진다는 환상 말고, 내 진짜 행복을 찾아보자. 그리고 그 행복은 생각보다 나와 가까이 있는 주변 사람들과의 관계 속에서도 찾을 수도 있다. 행복의 길을 여러 갈래로 열어두는 사람이 더 많이 행복해질 수 있다.

「우리는 대단한 행복을 좇느라
나의 가장 가까이에 있는 손만 뻗으면 닿을 수 있는
진짜 행복들을 자꾸 놓친다.
행복의 길을 여러 갈래로 열어두는
사람이 더 많이 행복해질 수 있다.」

**내 감정 한 줄 정리하기**

## 관계에 필요한 마음 온도 조절

얼마 전 아들과 아파트 단지 안을 걸어가는데 신기한 경험을 했다. 10분 남짓을 걸어가는데 인사를 10번은 넘게 한 것 같다. 나는 매일 강의장에 있느라 이 동네에 아는 사람이 많지 않다. 그런데 아들은 한 걸음 걸을 때마다 주변에서 한 번씩 누군가가 "○○야~ ○○형!"하고 이름이 불렸고 인사를 나눴다. 살가운 성격도 아닌데 어떻게 이렇게 친구가 많지? 가만히 생각해 보니 나의 어린 시절과 묘하게 겹쳤다.

나는 어린 시절, 대인관계 측면에서 욕심쟁이였다. 보통 학급 안에서 여러 무리가 형성되고, 아이들은 하나의 무리에 속해 친구들을 사귄다. 그런데 나는 모범생 친구들 무리에도 속해 있었고 소위 말해 놀기 좋아하는 친구들 무리에도 속해 있었고, 시끄러운 친구들 무리에도, 조용한 친구들 무리에도 모두 속해 있었다. 다른 학급에도 친구들이 있어서, 쉬는 시간마다 각각 다른 학급에 가서 놀다 오는 아이가 나였다. 대학 시절에도 법학회 활동을 하면서, 동아리 활동도 했고, 학생기자를 하면서 인턴 생활도 병행했다. 각 그룹에서 알게 된 대부분의 사람들과 트러블 없이 잘 지냈다. 소위 말해, 평판이 꽤 괜찮은 학생이었다. 그러나, 지금의 나와 그때의 나는 다르다. 얕고 넓은 인간관계에서 나이가 들수록, 좁고 깊은 인간관계로 재편성하게 되었다. 지금의 나는 모두와 잘 지내려 애쓰기보다, 소수의 소중한 사람들과 잘 지내려고 한다.

그 시절, 모두와 트러블 없이 잘 지내기 위해서 나는 상당한 애를 썼고 그것이 꽤 힘들었기 때문이다. 모두와 잘 지내기 위해 정작 나 자신과는 잘 지낼 수 없는 시간들이었다. 나는 아마 어린 시절 착한 아이 콤플렉스를 앓았던 것 같다. '착한 아이 콤플렉스'는 타인으로부터 착한 아이로 보이기 위해 스스로의 마음을 억압하는 심리적 증후군을 말한다. 어린 시절 나는 모든 사람이 나를 좋아해 줬으면 좋겠다는 헛된 환상 속에서 살았다. 모두에게 좋은 사람이 되고 사랑받을 수 있다는 환상에서 깨어나야 마음의 평화를 쟁취할 수 있다.

내 욕구를 눌러서 잘 보이려고 애쓰는 노력이 반복되다 보면 마음의 에너지가 고갈되고 언젠가 지치게 된다. 그리고 누군가가 미워져도 그 사람과의 관계조차 좋아지도록 노력하면 할수록 더 나빠진다. 나를 활활 태워서 상대방을 따뜻하게 해주다 보면 잠깐은 상대방과의 관계가 따뜻할 수는 있다. 그러나 결국 나 자신은 다 타버려 재가 된다. 스스로를 재가 될 때까지 태우면서까지 누군가를 위해 노력해야 할 의무가 있는 사람은 없다. 그렇게까지 애쓰지 않아도 된다.

사람의 마음 에너지는 한정된 자원이다. 어딘가에서 소진되면 분명히 다른 곳에서 사용할 마음 에너지가 고갈된다. 예를 들어, 지나가는 사람이 나를 툭 치고 갔는데도 괜찮다고 웃어주며 오히려 그 사람이 먼저 갈 수 있게 친절하게 길을 내주면서 좋은 사람으로 보이려고 애를 썼다. 그러나 그 순간에 내 마음속에는 불쾌한 감정이 쌓였고 매사에 이런 식이라면, 정말 마음 에너지가 필요한 순간에 꺼내 쓸 에너지가 고갈될 수 있다. 그리고 에너지가 고갈된 상태에서는 감정 조절이 어려워진다.

마음 에너지가 꼭 필요한 순간이 있다. 예를 들어, 자녀를 훈육하는 상황에서는 반드시 마음 에너지가 필요하다. 훈육하는 상황에서 내 감정을 조절하지 못하게 되면 사고가 터진다. 아이에게 괜한 부정적인 감정을 쏟아내게 되고 뒤돌아서 스스로를 자책하게 된다. 꼭 필요한 상황에서 마음 에너지를 꺼내 쓰려면 평소에 한정된 마음 에너지를 적당히 세이브해 둬야 한다.

　모두에게 사랑받지 않아도 괜찮다. 질문받았다고 해서 다 대답할 필요 없다. 사과한 모든 사람을 다 받아줄 필요도 없다. 상대방에게는 내가 줄 수 있는 정도의 적당한 친절과 배려면 충분하다. 나를 소진하면서까지 과한 친절, 나를 희생하면서까지 하는 과한 배려, 내 마음을 억누르면서 억지로 하는 용서는 그만두자. 누군가가 나의 선을 넘었을 때 무조건 괜찮다고 이해해 주지 않아도 괜찮다. "지금 선을 넘으셨으니, 조심히 해주세요. 제가 기분이 좋지 않습니다."라고 내 마음속의 욕구에 먼저 응답해도 좋다. 그리고 관계에는 적당한 온도 조절이 필요하다. 모든 사람에게 사랑받고 모든 관계에서 팔팔 끓는 100도를 유지하지 않아도 괜찮다. 관계에서의 적당한 온도 조절이 내 마음의 평화를 지킨다.

「모두와 잘 지내기 위해,
정작 나 자신과는 잘 지낼 수 없었던 시간을 보냈다.
모두에게 좋은 사람이 될 수 있다는 환상에서 깨어나야
마음의 평화를 쟁취할 수 있다.」

내 감정 한 줄 정리하기

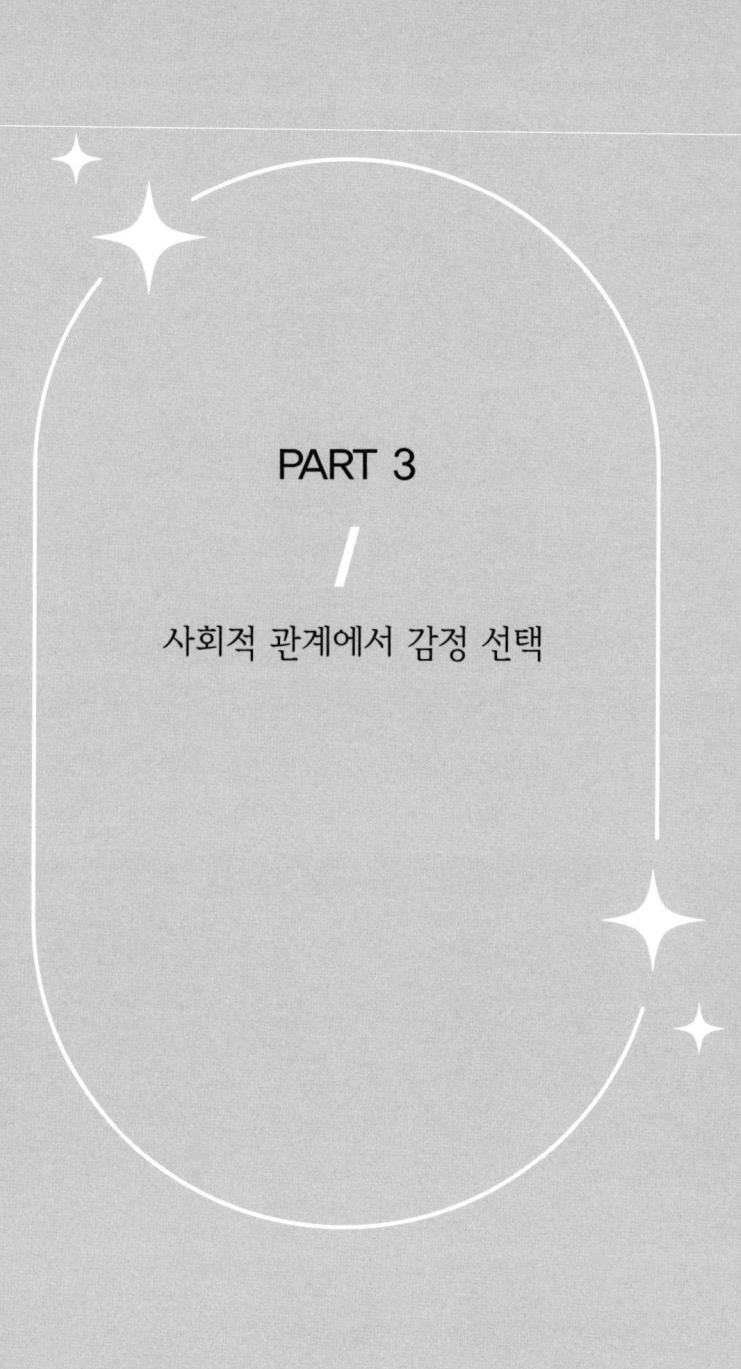

# PART 3

## 사회적 관계에서 감정 선택

## 누구나 사회적 가면을 쓰고 살아간다

최근에 유튜브를 보다가 〈Deep〉이라는 채널의 재밌는 영상을 발견했다. 3명의 친구가 우연히 지인이 겹쳤는데, 3명이 알고 있는 그 지인은 전혀 다른 인물이었다. 본캐와 부캐의 성격 차이가 극과 극인 경우였다. 직장 동료는 그 지인을 매사에 조용조용한 대문자 I(내향형)로 알고 있었다. 반면에 동호회에서 그 지인을 만난 사람은 동호회에서 모임을 주도하는 대문자 E(외향형)로 그의 캐릭터를 인식하고 있었다. 반면 동네 친구가 아는 그는 엄청난 개구쟁이에 어딘가 좀 모자란 캐릭터였다. 한 사람이 이렇게 상황에 따라 다른 성격을 가질 수 있을까?

나 역시 다양한 사회적 가면 페르소나를 쓰고 살아간다. 직장에서의 모습, 가족들과의 모습, 친구들 앞에서의 모습은 다르다. 가끔 나도 내가 어떤 사람인지 헷갈린다. MBTI 검사를 아무리 해도 계속 E가 나오는데, 나는 혼자 있는 시간을 즐긴다.

나의 경우 '낯 가리는 E' 유형이다. 사람들 사이에서 에너지를 얻지만, 그 사람이 불편한 사람들이면 안 된다. 내가 좋아하고 편한 사람들 사이에 있으면 에너지를 얻지만, 낯선 사람들과 있을 때는 에너지가 소진되고 빨리 집에 가고 싶다. 나와 같은 유형의 사람이 꽤 많이 있을 것이다. 그 반대의 경우도 많고, 다양한 유형이 존재할 수 있다.

예전에 B형 남자, A형 여자라는 프레임으로 혈액형으로 성격을 분류하던 시절이 있었다. 요즘 한국 사람들은 만나면 나이 다음으로 묻는 것이 바로 MBTI이다. 그 외에도 DISC, 에니어그램, TCI 등등…. 수많은 성격유형 진단이 있다. 왜 이렇게 사람들은 나의 성격을 알고 싶어 하고 특정 프레임 안에 분류하고 싶어 할까? 공동체 속에서 똑같은 교복을 입고 학교를 다니고, 사회가 정해준 적당한 나이에 취업하고 정해진 틀의 인생을 걷는 것이 미덕인 대한민국의 문화 속에서 정체성에 대한 탐색은 어른이 되어서도 계속될 수밖에 없다. 나는 누구인가? 나는 어떤 사람인가? 나는 다른 사람들과 왜 다를까? 라는 생각을 끊임없이 하면서 살아가게 되는 것이다.

나에 대한 궁금증에서 출발하는 것은 좋다. 그러나, 그 프레임 안에 지나치게 갇히게 되면 스스로 검열을 시작하게 되는 부

작용이 생긴다. '어? 나는 E인데 왜 사람들 앞에서 말하는데 긴장이 되지?' '나는 I이니까 혼자 있는 시간만 필요해. 친구는 귀찮은 존재야.'라는 스스로 만든 프레임에 갇히게 된다. 거기에 더해서 '친구들 앞에서는 외향형인데, 왜 출근만 하면 회사 사람들 앞에서는 말도 잘못하고 극 내향형이 되는지'라는 정체성의 혼란을 야기하기도 한다. 난 분명 외향형인데 왜 내향형처럼 행동했지? "내가 가식적인 걸까? 내가 이상한 걸까?"라는 자기 검열로 굳이 괴롭히지 않아도 되는 일로 자신을 또 괴롭히는 경우가 생긴다.

누구나 사회적 가면 페르소나를 쓰고 살아간다. 사회적 내 모습, 가족이나 가까운 사람들 사이에서의 내 모습, 친구들이나 모임에서의 내 모습은 다를 수 있다. 만나는 사람에 따라 성격이 달라지는 것이, 여러 개의 가면을 쓰고 살아가는 것이 전혀 이상한 일이 아니다. 오히려 상황에 따라 적절한 가면을 쓰는 것이 고도로 사회성이 발달한 것이다. 자녀가 집에서 행동하듯 학교에서 행동하면 훈육해서 가르쳐야 한다. 우리 어른들도 마찬가지이다. 상황에 어울리는 적당한 가면을 여러 개 가지고 그때그때 맞춰서 쓰면 그만이다.

그러니, 그때그때 달라지는 내 모습과 성격을 스스로 검열하고 이상하게 생각할 필요가 없다. 나를 이해해 주자. 그럴 수 있다. 친구들 앞에서는 활발하고 수다스러운 성격이지만, 회사에서는 말도 없고 혼자 점심을 먹는 내향형일 수도 있다. 직장에서는 친절하고 상냥하지만, 집에 와서 가족들 앞에서 무뚝뚝한 사람일 수도 있다. 이것은 가식적인 것도 이상한 것도 아니다. 그저 극도로 사회성이 발달한 사람인 것이다. 우리는 매일 아침 현관문을 열며 사회적 가면을 장착하고, 문을 닫으면 그 가면을 잠시 벗어두고 살아간다. 더 이상 고민할 필요 없다. 우리는 그저 현관문 앞에 가면 거치대를 두면 그것으로 충분하다.

「상황에 따라 그때그때 적절한 가면을 쓰는 것은 고도로 사회성이 발달한 사람의 모습이다.」

### 내 감정 한 줄 정리하기

## 무례한 사람과 주파수를 맞추지 말자

　강의 전 강의를 의뢰한 고객사와 미팅을 하는 경우가 종종 있다. 한번은 왕복 7시간 운전해 지방에 있는 공공기관에 미팅을 위해 갔었다. 우리의 역할은 '교육컨설팅'이니 그에 맞춰서 고객사에 맞게끔 교육을 설계하고 컨설팅해야 한다. 그러나 그날은 "그냥 시키는 대로 하세요."의 자세로 갑질에 가까운 모습을 보여주는 사람과 마주했다. 직업상, 워낙 많은 사람을 만나보니 다양한 인간 군상을 자연스럽게 접하게 된다. 때론 터무니없는 요청을 하면서도 사람과 사람 간의 최소한의 예의를 잊어버린 사람들을 만나게 된다.

　그럴 때 나는 어떤 자세를 가져야 할까? 나의 마음속에 일렁이는 감정을 어떻게 조절해야 할까? 비단, 나의 이야기만은 아니다. 누구나 살다 보면 종종 무례한 사람과 마주하게 되어 마음의 평화가 깨지는 순간에 맞닥뜨릴 수 있다.

출근 시간에 지옥철에 몸을 싣는 사람들은 누구나 불쾌한 경험을 종종 하게 된다. 어깨로 치고 가는 사람, 발을 밟는 사람, 밀치는 사람…. 다양하다. 사람이 많다 보니 바쁘다 보니 그럴 수 있다. 그러나, 그 실수에 대해 상대방에게 미안한 마음을 갖고 사과를 하는 사람이 있는가 하면 전혀 그렇지 않은 사람도 있다.

유난히 몸이 무거웠던 어느 출근길에 나의 발을 너무나 명확하게 밟은 사람이 있었다. "저 지금 제 발을 밟으셨는데요." 나름 용기를 내서 내 마음의 불편함을 상대방에게 알렸다. 그 순간, 상대방의 표정은 오히려 내가 해서는 안 될 말을 한 것처럼 일그러졌다. 화가 난 듯 뾰족한 눈으로 나를 째려보더니, 아무 말 없이 시선을 핸드폰으로 시선을 돌리는 것이었다. 욱하는 분노가 삐져나왔지만, 괜히 싸움을 만들고 싶지 않아 그냥 나도 같이 노려볼 수밖에 없었다. 그날 종일 기분이 좋지 않았다. '뭐라도 한소리 더 해줄걸.'이라는 후회와 풀리지 않은 분노의 감정으로 그날 밤, 잠을 쉽게 이루지 못했다.

어디에나 1%의 사이코패스가 있다. 다른 사람을 괴롭히면서 쾌락을 느끼는 사람, 다른 사람의 감정에 한 치도 동요하지 않는 공감 능력 제로인 사람은 어디에나 있다. 이런 사람들을 만났을 때 그들의 감정에 휘말려 들면 안 된다. 내 인생에 영향을 줄 수 없으며 나에게 중요하지 않은 사람이 나에게 던진 돌에 지나치게 크게 반응할 필요 없다. 무례한 사람을 만났다고 해서 내가 그런 사람이 될 필요도 없다. 무례한 사람을 만난 것은 나의 잘못도 아니고 그 상황에서 나의 대처를 평가할 필요도 없다. '그 순간에 내가 이렇게 말했어야 했어.'라는 자책과 후회는 접어두자.

우리가 종종 마주치는 무례한 사람들은 날씨 같은 것이다. 우리는 아무 잘못 없이 그냥 길을 걸어가다 우연히 비를 맞기도 하고 바람을 만나기도 한다. 그냥 흘려 버리면 되는 것이다. 내가 잘못해서 비를 만난 것도 아니고, '내가 하필 그 길로 가서 비를 만났어. 그때 비를 만났을 때 내가 이렇게 말했어야 하는데…'라는 자책은 너무 우스운 이야기다.

무례한 사람과의 만남도 마찬가지이다. 그냥 우연히 비가 내린 것이다. 그리고 그 비는 내 인생에 영향을 줄 수 없다. 젖은 옷은 마르면 그만이고 그 비로 인해 나는 아무것도 달라진 것이 없다. 무례한 사람을 만나면 그 사람과 주파수를 맞추지 말아야 한다. 그냥 흘려보내면 그만인 것이다.

「무례한 사람을 만난 것은 나의 잘못도 아니고 그 상황에서 나의 대처를 평가할 필요도 없다. 무례한 사람을 만나면 그 사람과 주파수를 맞추지 말고, 그냥 흘려보내면 그만인 것이다.」

### 내 감정 한 줄 정리하기

## 감정에도 서열이 있다

 감정은 아래 방향으로 흐른다. 아무리 화가 나도 상대방이 자신에게 큰 실수를 했어도, 감정이 서열을 거슬러서 거꾸로 흐르는 경우는 거의 없다.
 대리가 화가 난다고 부장에게 화를 쏟아낼 수 없다. 화를 내려면 자신의 순서를 기다려야 한다. 팀장님이 먼저 감정을 표출하고, 그다음에 팀원들은 순서대로 감정을 드러낼 차례가 온다. 고객님이 먼저 감정을 표출하고, 직원은 감정을 삼켜야 한다.
 직급 호칭을 떼고 '매니저님' 'ㅇㅇ님'이라고 부르며 수평적인 조직문화를 지향하는 요즘 세상에, 무슨 꼰대 같은 소리인가? 그렇지만 한국인의 정서상 쉽게 거스를 수 없는 위계 문화는 감정에도 존재한다.

 사회생활을 하는 사람이라면 누구나 마음속에 미워하는 존재 하나쯤은 가슴에 품고 살아간다. 누군가를 괴롭히는 것이

세상에 태어난 목표인 것 같은 진상 고객, 입에 칼을 물고 말할 때마다 가슴에 비수를 꽂는 상사, 얄밉고 재수 없는 동료 등등 …. 왜 우리는 이렇게까지 서로를 미워할까?

자신의 권리를 침해당해도 억울하고 부당한 일이 생겨도 이 감정의 서열을 지키며 자신의 감정을 꾹꾹 눌러 담는 것이 사회생활이다. 화가 나도 화난다고 표현할 수 없다. 앞에 계신 분은 하늘 같은 고객님이시기 때문에 내가 감히 내 감정을 드러낼 수 없다. 상대방에 대한 분노, 서운함, 억울함 등 여러 종류의 감정들은 내 가슴 속에서 고이고 썩어 미움이라는 하나의 감정으로 둔갑해 오랜 시간 지독한 냄새를 풍기며 썩어가게 된다.

오랜 시간 부패한 온갖 종류의 미움이라는 감정의 화살은 나 스스로를 공격하도록 변모되기도 한다. 미워하는 사람이 많은 사람은 자기 자신마저 미워하게 된다. 누군가를 미워하는 데도 에너지가 필요하다. 미워하는 것도 노력이 필요하다. 상대방이 나에게 했던 그 짓을 잊지 말고 기억하며 애를 써야 한다. 더 억울한 점은 상대방은 나보다 감정 서열이 높다는 이유로 나에게 자신의 감정을 마구 쏟아낸다는 것이다. 감정의 갑을 관계로 인해, 나는 일방적으로 갑의 감정을 받아내야 하고 나의 감정은 차례를 기다려야 한다. 오래 기다려도 그 차례가 오지 않는 경우도 많다.

감정 갑질을 하는 그 사람을 나보다 높다고 여기지 말고, 나보다 불쌍하다고 여기자. 그 사람을 미워하느라 애쓰지 말고 그 사람을 가엾게 여겨보자. 입에 칼을 물고 상대방의 가슴에 비수를 꽂는 사람, 누군가를 괴롭히는 것이 인생에 목표인 사람들은 스스로 늘 마음속이 불행하다. 상대방에게 표출한 감정은 언젠가 나에게 다시 돌아온다. 화를 내다 보면 화가 더 나는 경험이 있을 것이다. 화를 내지 않으면 그렇게까지 큰일이 아니었는데 막상 화를 내다 보니 생각보다 더 분노가 치밀어 오르는 것이다.

누군가를 공격하고 괴롭히는 그 부정적인 감정은 나 자신에게 돌아온다. 우리는 화를 내고 나서 즐거운 기분이 들기는 쉽지 않다. 매사에 부정적이고 매사에 상대방을 괴롭히며 부정적인 감정으로 꽉 찬 사람들은 본인의 일상에서도 매사에 부정적인 감정 습관이 생길 수밖에 없다. 그러니 그런 사람들을 삶이 괴롭고 불쌍한 사람으로 여기자. 나까지 그런 사람들에게 동요되어 상대방을 미워하는 데 에너지를 쓰지 말고, 나는 그저 멀리서 그 사람들을 바라보자. '쯧쯧 불쌍한 사람… 매사에 화를 내니 삶이 얼마나 괴로울까?'라는 연민의 시선으로 바라보자. 나까지 그런 사람이 될 필요는 없으니 말이다.

「미워하는 사람이 많은 사람은 스스로를 미워하게 된다. 감정 갑질을 하는 그 사람을 나보다 높다고 여기지 말고, 나보다 불쌍하다고 여기자.」

**내 감정 한 줄 정리하기**

## 직장생활은 감정의 파도를 다스리며 그 자리를 지키는 것

누군가 나에게 "직장생활을 오래 잘하는 비결이 무엇이냐?"라고 묻는다면 나는 "종종 휘몰아치는 나의 감정의 파도를 잘 다스리면서, 그 자리를 지키는 것"이라고 한 마디로 답하고 싶다. 실제로 많은 직장인들은 일보다 사람 때문에 힘들고, 사실은 마음이 힘들다.

물론, 직장에서는 일이 우선이다. 그러나 우리가 잊고 있는 것이 있다. 결국 모두 사람이 하는 일이고, 사람의 마음은 상당히 중요하다는 것이다. 업무 뒤에 사람이 서 있다. 그리고 그 사람의 '마음'이 일의 결과를 좌우한다. AI가 모든 것을 대체하는 시대가 올 것이라고 하지만, 이러한 디지털 대전환의 시대일수록 로봇이 대체할 수 없는 '감정과 마음'의 영역은 오히려 더 중요해질 것이다. 업무 스킬이 뛰어나고, 업무 지식과 경험이 풍부한 것 그 이상으로 직장에서 감정을 잘 관리하는 노하우가 필요하다.

예전에 직장생활을 했을 때 우리 팀에는 '금쪽이 팀원'이 있었다. 매사에 부정적인 '금쪽이 팀원' 한 명으로 인해 종종 팀의 분위기가 삭막해지곤 했다. 짜증스러운 표정, 쌀쌀한 말투, 신경질적인 태도의 '금쪽이 팀원'과 옆에 붙어서 일을 하다 보면 그 감정이 고스란히 전이되기도 했다. 금쪽이는 업무가 갑자기 늘어나면 짜증을 확 냈고, 보고서를 다시 쓰라는 피드백에는 눈물을 뚝뚝 흘렸다. 지금 와서 생각해 보면, 그 금쪽이 팀원은 그때그때 떠오르는 감정의 관리가 어려운 사람이었다. 이 때문에 주변 사람들도 괴로웠겠지만, 아마 금쪽이 본인이 가장 괴로웠을 것이다.

우리 모두 직장에서 금쪽이가 되지 않으려면 첫째, 일과 자신을 분리해야 한다. 예를 들어, 업무가 늘어나는 일은 짜증 날 수는 있지만, 그 감정에 오래 빠질 필요까진 없다. 직장에서의 일은, 결국 하다 보면 어떻게든 끝이 나게 되어 있다. 일은 하나하나 하다 보면 끝나 있으니 너무 많이 생각하지 말고, 그냥 하면 된다.

둘째, 나의 자아와 일을 분리할 필요가 있다. 보고서를 다시 쓰라는 피드백은 나라는 개인에 대한 인격모독이나 감정의 공격이 아니다. 나를 싫어해서 나를 괴롭히려고 하는 피드백이 아니고, 그냥 보고서의 문장을 수정해달라는 의미이다. 그대로 받아들이면 된다. 감정적인 의미를 다시 부여해서 감정의 파도에 스스로를 가두고 허우적댈 필요 없다. 파도는 잠잠하다가도 금세 또 일렁인다. 파도가 올라오면 당황하지 말고, 그 파도에 자연스럽게 올라타면 그만이다. 언젠가 또 잔잔해지는 타이밍이 올 것이니 말이다. 파도가 휩쓸어도 내 자리를 잃지 않고 지켜내는 것, 그것이 직장생활의 거의 전부이다.

그런데, 직장에서는 감정의 파도가 요동치는 순간들이 생각보다 자주 찾아온다. 갑작스러운 업무 변경, 납득하기 어려운 업무 분장, 소화하기 힘든 업무 스케줄, 말도 안 되는 요청, 내가 잘못하지도 않은 상황에서 억울하게 책임을 떠안아야 하는 상황 등등… 수도 없다. 갑자기 욱하고 화가 나기도 하고, 억울해서 눈물이 날 것 같기도 하다. 가장 감정을 드러내지 말아야 하는 직장이라는 상황 속에서 감정의 파도가 일렁일렁 휘몰아친다. 직장생활을 하면서 부정적 감정을 느끼지 않을 수는 없다. 다양한 사람과 함께해야 하고, 회사 일이 다 내 마음처럼 되지는 않기 때문이다.

그 부정적 감정을 관리하면서 버티는 것이 직장생활이다. 흔히 일 잘하는 사람을 떠올릴 때 '똑똑하고 업무 스킬이 뛰어난 사람'일 것이라 생각한다. 하지만 실제로는 '감정을 잘 다루는 사람'이 진짜 일잘러이다. 상사가 화를 낼 때도 침착하게 대응하고, 동료와의 갈등 속에서도 서로의 입장을 이해하며, 스트레스 상황에서도 자기 감정을 조절할 줄 아는 사람이 결국 직장에 오래 남는다. 이런 사람은 직장에서 발생하는 다양한 문제를 잘 헤쳐 나가고, 힘들어도 오래오래 버틸 수 있는 강한 사람이다. 지금 버티고 있다면, 이미 충분히 강한 사람이라고 스스로를 믿어도 좋다.

감정의 파도가 휩쓸고 지나간 그 자리에 날마다 버티고 서 있는 대한민국 모든 직장인에게 대단하다고 박수 쳐 주고 싶다. "잘하고 있어요. 자리를 지키는 것만으로도 충분합니다. 훌륭합니다."

「직장에서 경험하는 일들에,
감정적인 의미를 다시 부여해서
감정의 파도에 자신을 가두고 허우적댈 필요 없다.」

**내 감정 한 줄 정리하기**

# 직장인 감정의 그림자, 369증후군

직장생활은 다양한 감정의 연속이다. 매일 아침 출근길에서부터 시작해서, 퇴근 후 침대에 누울 때까지, 우리는 수많은 감정을 경험한다. 어떤 날은 기쁨과 만족을 느끼는 날도 있지만, 때로는 좌절과 분노, 스트레스와 불안, 우울함에 사로잡히는 날도 있을 것이다.

'369증후군'이란 한국 직장인들이 입사 3년 차, 6년 차, 9년 차에 겪는 직업적 심리적 위기를 말한다. 직장생활 3년 차가 되면, 초반의 열정이 흐려지고 일상이 루틴화되며 권태를 느끼는 시기이다. 이때 마음이 붕 떠서 갈피를 잡지 못하고 방황하는 3년 차 직장들이 많다. 이때 이직을 고민하기도 한다.

직장생활 6년 차가 되면, 적어도 한 번은 승진했을 것이다. 전문성과 책임감이 요구되지만, 경력 정체와 주변 동료와의 비교로 자존감이 떨어지는 시기이다.

직장생활 9년 차가 되면, 업계 내에서 본인의 위치를 점검하며 현재 직장에서의 미래 가능성에 대한 회의가 드는 시기이다. 여태까지 열심히 해 온 것들이 과연 의미가 있는지, 앞으로도 그 분야에서 계속해서 잘해 나갈 수 있을지 생각이 복잡해지는 시기이다.

이처럼, 주로 특정 시점에서 경력이 정체되거나 업무와 삶의 균형이 깨지며 발생하는 증후군으로, 많은 직장인이 느끼는 불안감, 좌절감, 번아웃과 관련이 깊다. 시기별로 직장인들은 저마다의 고민과 속앓이를 하며 마음 한편에 그림자를 쌓아두고 직장생활을 이어 나가고 있다.

직장인의 369증후군은 이렇게 느껴진다. 먼저 직장생활 3년 차 김 주임의 사례를 보면, 김 주임은 입사 초기의 열정이 사라진 지 오래다. 매일 반복되는 보고서 작성과 같은 단순 업무는 더 이상 그의 성장에 도움이 되지 않는다고 느껴진다. "이 회사에서 10년 뒤에 내가 뭘 하고 있을까?" 그는 가끔 퇴사를 고민하지만, 특별한 대안이 떠오르지 않아 막막한 마음으로 출근을 이어가고 있다. 마음은 붕 떠 있는 채로 자신의 일에 성취감이나 만족감을 느끼지 못하며 '꿔다놓은 보릿자루'처럼 사무실에 그냥 앉아서 시간을 죽이고 있는 것이다. 먹고 살기 위해 마지못해 마음에 썩 들지 않는 자리이지만 그 자리를 지키며 하루하루를 괴롭게 보낸다.

 퇴근 시간만 기다리고 주말엔 지쳐서 종일 집에 누워있거나, 또는 여기저기 의미 없이 돌아다니며 풀리지 않는 스트레스를 해소하기 위해 애를 쓴다. 김 주임에게 있어 직장에 출근하지 않는 주말만이 유일하게 행복한 시간이다. 그러나 주말은 너무 짧다. 자기계발을 하려고 운동도 시작하고, 책도 읽고 재테크 관련 유튜브도 보면서 여러 가지로 노력해 보지만, 그때뿐이다. 출근해서 에너지를 모두 소진하고 집에 돌아오면 지치고 무기력할 뿐이다.

 이직을 고민하기도 하지만 경기도 어렵고 '취준'을 다시 할 생각을 하니 두렵기만 하다. 언제까지 이렇게 인생을 살아야 하나 회의감도 들고 불안하지만, 뾰족한 묘수가 없어 그냥 또 하루하루를 보낸다.


 6년 차, 박 대리도 크게 다르지 않다. 박 대리의 동기 중에는 벌써 과장에 승진한 동료가 있다. 남들은 다들 직장에서 승진도 잘하고 업무 성과도 잘 내고 인정받으며, 잘 살고 있는 것처럼 보인다. 대학 동창의 SNS를 보니, 좋은 직장에서 승진도 하고 벌써 결혼도 하고 집도 사고 멋진 인생을 살고 있는 것이 아닌가? 나만 뒤처지는 건 아닌지 하는 불안감이 몰려온다.

 박 대리에게는 직장 후배가 생겼다. 후배에게 모범이 되는 선배가 되고 싶지만, 가끔 본인도 잘 모르는 내용을 물어보는 후배 때문에 진땀을 빼기도 하고, 박 대리가 신입사원일 때는 갖지 않았던 태도를 보여 당혹스러운 경우도 있다. 후배에게 업무 코칭을 하는 것도 후배와의 관계를 잘 관리하는 것도 박 대리에게는 어렵다. 위에서 상사에게 업무 실적 압박을 받고, 밑에서는 후배에게 스트레스를 받는다. 중간에 끼어 있는 계층이다 보니 더 고충이 크다고 느껴진다.

박 대리는 그래도 지난 6년이란 시간을 직장에서 보내며, 나름 능력과 경험이 쌓여 중요한 프로젝트를 맡기 시작했다. 그러나 그에 따른 스트레스도 커졌다. "나는 이만큼 열심히 일하는데, 왜 승진은 저 사람이야?" 동료가 승진하는 모습을 보며 박 대리는 자신이 회사에서 정당한 평가를 받지 못한다고 느끼기 시작했다.

6년 차, 박 대리 역시 이직을 고민한다. 어느 정도 경력도 쌓았고 지금이 이직의 타이밍이라 생각해서 타이밍을 노려보지만, 회사 일과 병행하다 보니 쉽지만은 않다. "여기서 능력을 인정받아서 더 올라갈까? 다른 곳으로 옮겨야 하나?" 마음속에는 하루에도 몇 번씩 갈등의 골이 깊어진다. 직장생활도 인생도 잘 설계해 나아가고 싶은데, 체력도 에너지도 시간도 금전적인 것도 어느 하나 충분하지 않아 현실의 제약에 갇히고 마는 것 같은 기분이다. 그러다 지친 박 대리는 어느 순간 번아웃(Burnout)

에 빠지고 만다.

9년 차 이 팀장은 한 직장에서 성실히 근무하며 최근에 팀장 직책까지 달게 되었다. 하지만 이제 그는 더 이상 위로 올라갈 자리가 없다는 현실에 직면했다. "이 회사에서 더 이상 내가 배울 것이 있을까? 이 나이에 임원이 되지 못하면 회사를 나가야 하는 것이 아닌가?"

그는 자신이 더 성장하기 어려운 환경에 갇혀 있다는 생각에 현재의 경력을 점검하고 새로운 도전을 고민하고 있다. 배운 것이라고는 지금 하는 업무가 전부인데 새로운 분야에 도전하는 것은 두렵다. 지금 하는 분야에서 더 올라가려면 아니, 올라가지 않더라도 버티려면 남들보다 더 잘해야 한다는 압박감에 휩싸여 하루하루가 초조하다. "정년까지 다닐 수 있을까?"라는 걱정과 한편으로는 지긋지긋한 직장생활의 스트레스로부터 달아나고 싶은 양가감정이 공존한다.

이 팀장 역시 지친다. 그러나, 지친다고 가만히 앉아 있을 수는 없는 것이 이 팀장이 직면한 현실이다.

369증후군의 주요 원인으로는 경력 정체감, 과도한 업무 및 대인관계 스트레스, 일과 삶의 불균형을 살펴볼 수 있다.

첫째, 경력 정체감은 3년 차의 경우 초반의 성장 속도가 느려지며 발전 가능성에 대한 의문이 이를 야기한다. 6년 차의 경우는 승진 및 평가에서의 좌절로 자기효능감이 감소하며 이를 느낀다. 9년 차는 경력이 한계에 다다랐다는 인식으로 성취감이 저하되는 경우이다.

둘째, 과도한 업무 및 대인관계 스트레스인데 직장 내 경쟁과 높은 성과 압박이 직장인들이 자신감을 잃고 스트레스를 느끼게 만든다. 특히 MZ세대는 효율성과 개인 시간을 중요시하지만, 이를 보장받지 못할 때 번아웃을 경험하게 된다. 선후배, 동료, 고객 등과의 직장 내 인간관계나 가족을 비롯한 개인적 대인관계에서의 어려움 또한 369증후군을 유발하는 주요 원인 중 하나로 볼 수 있다.

셋째, 일과 삶의 불균형 역시 중요한 요인이다. 입사 초기에는 업무가 우선이지만, 시간이 지나면서 워라밸(Work-life Balance)에 대한 욕구가 커진다. 그러나 많은 직장인들은 이 균형을 맞추지 못 해 삶의 만족도가 낮아지고 그로 인해 369증후군에 빠진다.

369증후군은 주로 성장이 멈췄다고 느낄 때 발생하기 쉽다. 이를 극복하기 위해서는 첫째, 스스로 성장의 동력을 찾는 방법이 좋다. 업무와 관련된 새로운 기술을 배우거나 외부 강의를 듣는 등 자기계발에 힘써 볼 수도 있다. 또는 목표 재설정을 통해 현재 업무의 장기적 목표를 재점검하고 소소한 성취감을 느낄 수 있는 목표를 정하는 것도 좋다.

둘째, 감정 관리 루틴을 만드는 것이다. 일기나 메모를 통해 자신의 감정을 객관적으로 기록하고 들여다보거나 멘토나 동료 전문가와 대화하는 방법도 좋다.

셋째, 잡크래프팅을 시도해 볼 수 있다. 직장 내에서 역할 전환이나 새로운 프로젝트 참여를 제안해 보는 것이다. 특히 6년 차, 9년 차 직장인들에게는 경력 개발과 관련된 지원 프로그램이 도움이 될 수 있다.

넷째, 무엇보다 워라밸 회복을 위한 관리가 필요하다. 업무 외적으로 자신을 만족시키는 취미나 관계에 집중해 보거나 '소확행' 일상 속 작은 행복을 찾는 것도 좋은 방법이다.

369증후군은 과연 어두운 그림자이기만 할까? 내 안의 어두운 그림자가 주는 또 다른 기회로 생각해 볼 수도 있다. 일단, 지금 이대로 살면 안 되고 지쳤다는 것, 그래서 전환과 변화가 필요하다는 것을 스스로 깨닫게 해준다. 369증후군은 힘든 시기를 겪는 직장인들에게 좌절의 순간처럼 보이지만, 이는 스스로를 돌아보고 성장의 기회를 잡는 중요한 계기가 될 수도 있다.

요즘 직장인들에게 특히 중요한 것은 "내가 지금 원하는 것이 무엇인가?" 솔직히 마주하는 것이다. 그 답을 찾는 과정이 바로 진정한 감정 관리와 성장을 향한 첫걸음이 될 것이다. 369증후군은 대한민국 직장인이라면 누구나 한 번쯤 마주할 수 있는 또 다른 도전이다.

「369증후군 그림자의 반대편에는 이런 메시지가 숨겨져 있다. 지금 이대로 살면 안 된다는 것, 지쳤다는 것, 그래서 전환과 변화가 필요하다는 것을 스스로 깨닫게 해준다.」

내 감정 한 줄 정리하기

## 팀워크가 좋은 팀의 실수가 더 많다

　회사에서 교육을 진행하다 보면 조별 워크숍을 할 때가 있는데, 조(組)마다 분위기가 참 다르다. 같은 회사 직원이고 같은 강사에게 같은 강의를 듣고 있는데 왜 이렇게 다를까? 개인의 성향 문제일까? 아니면 모여있는 개인들이 만들어낸 그 조의 어떤 특성 때문일까? 좀 더 확장해서 생각해 보면, 어떤 회사는 서로 미워하고 비난하는 조직문화가 있고 또 어떤 회사는 서로 돕는 조직문화가 있는데 그 원인이 무엇일까? 또 그 안에서 개인들은 어떤 감정을 주고받을지 궁금했다.

　어느 자동차 회사의 전사 팀 단위 교육 프로젝트를 진행했을 때의 일이다. 1년에 걸쳐 진행된 전사 교육을 통해 100개가 넘는 팀을 만나면서, 참으로 다양한 인간군상을 마주했다. 워낙 많은 사람을 만나서 다양한 환경에서 강의하다 보니, 강사들은 첫인사를 하는 순간 '오늘 이분들과 잘 맞겠다.' 또는 '오늘 말리겠다.'라는 것을 직감적으로 알아차린다.

사실, 강사들은 교육 전에 팀 조직문화를 미리 진단해 그 결과를 토대로 팀의 특성을 파악하고 교육을 시작한다. 그러다 보니 만나기 전에 미리 그 팀에 대한 어느 정도의 선입견을 갖게 된다. 한번은 진단 결과가 현저히 좋지 않은 팀을 만나게 돼서 진행이 잘 될지 걱정이 앞섰다. 그런데 막상 그 팀을 만나니 너무 좋은 리더와 팀원들이었고, 팀원들 간의 정서적 신뢰도 상당히 높은 팀이었다. 나의 걱정은 아무짝에도 쓸모없는 기우였다.

하나의 측면만 보고, 속단하는 것이 얼마나 부질없는 일인가? 또 데이터로 측정되지 않는 마음의 영역이 있다는 것을 다시 한번 생각하게 되었다. 겉으로 보이는 지표와 그 안에서 실제 일하고 있는 사람들의 마음 영역은 다를 수 있다.

조직 안에서 사람들의 감정은 어떻게 나타날까? 유난히 갈등이 없는 조직들이 있다. 갈등이 없으니 평화롭고 모두 좋은 감정을 주고받는 듯 보인다. 그런 회사에 다니는 사람들, 그런 팀에 속한 사람들은 모두 긍정적인 감정을 갖고 행복한 직장생활을 할 수 있을까? 『두려움 없는 조직』의 저자 하버드대의 에이미 에드먼슨 교수는 "팀워크가 좋은 팀이 오히려 실수가 많다."라는 연구 결과를 밝혀냈다.

팀워크가 좋은 팀은 실수를 적게 하리라는 것이 일반적인 믿음이다. 그러나 실제로 한 병원의 직원들을 대상으로 한 연구에서 팀워크가 좋으면 좋을수록 실수가 많았다. 알고 보니, 실수가 적은 팀들은 실제로 실수가 없는 것이 아니라 '감정손상 회피'로 인해 실수를 했어도 서로 드러내지 않고 덮어버리는 것이었다. 실수한 것을 팀원에게 솔직하게 말하지 못하는 것이다. 실수를 드러내는 순간, 팀원들이 자신을 흉보고 비난하고 공격할 것이라는 두려움 때문이었다. 실수와 갈등이 없는 팀은 안에서 곯아 썩고 있다가 더 큰 문제가 발생할 수 있다. 그뿐만 아니라, 이런 팀이나 회사에서 일하는 개인들의 마음속에는 말하지 못한 불만과 고충 등 부정적인 감정이 차곡차곡 쌓여간다. 요즘, 소리 없는 퇴사의 많은 경우가 이처럼 드러내지 못하고 삼켰던 감정이 원인이 되기도 한다.

팀워크가 탄탄하기로 소문난 구글에는 실패한 팀에 성과금을 주는 독특한 제도가 있다. 실패나 실수를 기꺼이 드러내고 갈등을 회피하지 않고 터놓고 소통할 수 있는 심리적 안전감을 높이기 위한 제도이다. 갈등을 회피하지 않고 드러낼 수 있는 조직이 그 안의 개인에게도 조직 전체의 성과에도 훨씬 더 긍정적이라 여기기 때문이다. 심리적 안전감이 높은 팀은 실수나 취약점을 드러내도 서로 비난하는 것이 아니라, 도와줄 것이라는 믿음이 있다.

　서로를 신뢰하는 분위기 속에서 일하는 개인들은 업무 상황에서의 감정 조절 난이도가 더 쉽고, 긍정적인 감정을 자주 느끼게 된다. 팀워크가 나의 감정과 마음이랑 무슨 상관인가? 라고 생각한다면 내 삶의 반쪽만 관심을 갖겠다는 의미가 된다. 하루 중 가장 많은 시간을 보내는 직장에서의 나의 감정을 외면한 채 내 삶의 감정관리를 잘할 수는 없다. 나의 감정을 잘 관리하고 싶다면, 내가 속한 직장이나 단체 속에서의 '집단 감정'에도 관심 가져야 한다. 모두가 '나만 잘되면 된다.'라는 개인주의 속에서는 모두가 불행해지게 된다. 서로를 돕고, 서로의 감정을 존중하고자 하는 심리적 안전감이 쏴 튼 조직 속에서 개인의 감정 안정감도 높아진다.

「소속된 조직의 문화를 보면,
개인의 감정 조절 역량을 가늠할 수 있다.
서로의 감정을 존중하고자 하는
심리적 안전감이 싹 튼 조직 속에서
개인의 감정 안정감도 높아진다.」

### 내 감정 한 줄 정리하기

# 나 지금 집에 가고 싶어

'나 지금 집에 가고 싶어.' 직장인들이 마음속으로 가장 많이 하는 말 중 하나일 것이다. 강의를 하다 보면 팀 활동을 위해 팀명을 정하는 경우가 있는데, 가장 흔한 팀 이름이 '집에 보내조', '퇴근하시조'이다.

강사에게 가장 바라는 것은 바로 일찍 끝내주는 것, 빠른 종료는 가장 만족스러운 강의가 된다. 그럴 때 나는 종종 "여러분, 저도요. 집에 꿀단지 놓고 왔는데 빨리 가고 싶네요. 그래도 우리 힘내요!"라고 말한다. 교육생들의 마음을 이해한다. 강의가 아무리 재미있고 의미 있어도 집에서 쉬는 것보다 좋기는 쉽지 않으니까 말이다.

교육뿐만 아니라 많은 직장인들이 업무를 하면서도 말로 하지 못할 뿐, 마음속으로 '퇴근하고 싶다.'는 생각을 수십 번 할 것이다. 그만큼 대한민국 직장인들은 힘들고 쉬고 싶어 한다.

집에 가고 싶다는 마음은 휴식이 필요하다는 의미이고, 지금 자신이 감당할 수 있는 에너지 그릇을 초과했다는 의미이다. 그렇다고 내가 원하는 만큼 쉬면서 사회생활이나 나의 의무를 다하는 것은 현실적으로는 어렵다. 어떻게 생각하면 집에 가고 싶은 이 커다란 마음을 조절하면서도 의무를 다하고 살아갈 수 있을까? 지금 감당해야 하는 오늘 하루를 너무 버겁게 크게 바라보면 집으로 도망치고 싶은 마음이 더 든다. 오늘 내가 해야 하는 일을 조금 덜 무겁게 바라볼 필요가 있다.

내가 사회 초년생일 때 직장에서 유난히 힘든 하루를 보낸 날은 '너무 힘든데 어떻게 이것을 30년을 하지?'라는 생각을 했다. 신기하게도 하다 보니 어느덧 그 30년의 반이 넘었다. 상처 나고 아물고 상처 나고 아물다 보니 이제 웬만한 건 아무렇지도 않게 견디게 되는 내공이 저절로 쌓이게 되었다. 무슨 일이든, 하다 보면 시간이 저절로 단단해지게 만들어 줄 것이니 미리 걱정할 필요가 없다. 꼭 직장생활이 아니라 모든 일이 그렇다. 아직 갈 길이 멀었는데, 이 기나긴 여정을 어떻게 가야 하는지 막막한 모든 경우에 해당되는 말이다. 하루에도, 인생 전체에도 해당한다.

오늘 하루 막막한데 이 많은 일을 어떻게 할지 고민해도 언젠가 그 하루가 끝날 것이고 하다 보면 일을 마치게 되어 있다.

또는 시험 합격이라는 여정을 어떻게 다 완주하지? 내 집 마련은 어떻게 하지? 치료는 어떻게 하지? '취업은 어떻게 하지?', '육아는 어떻게 하지?'와 같은 삶의 장기전에 있어서도, 어느덧 완주하는 순간은 찾아온다. 내가 잘하든 못 하든 어떻게든 끝은 난다.

가수 S.E.S의 〈달리기〉란 노래의 가사에 "지겨운가요. 힘든가요. 숨이 턱까지 찼나요. 단 한 가지 약속은 틀림없이 끝이 있다는 것"이라는 말이 나온다. 어린 시절 달리기를 하는 그 순간에 숨이 찼지만, 버틸 수 있었던 것은 결승점이 얼마 남지 않았다는 것이었다. 우리의 인생도 마찬가지다. 인생의 결승점도 매 순간 찾아온다.

너무 먼 큰 산 같은 일들도 마침내 반드시 만만한 뒷산이 되는 날이 오리라. 당장 내 눈앞에 멀게 느껴지는 태산 같은 일들이 어느 순간 내가 그 옆에 편히 서는 날이 올 것이다. 정복하진 못해도 적어도 옆에 설 수 있게 될 것이니, 불안할 필요도 두려워할 필요도 없다. 내 안에는 이미, 그런 태산을 오를 에너지가 충분하다. 그리고 언젠가 하산해서 집으로 돌아갈 것이고, 모든 일에는 끝이 있다.

「무슨 일이든, 하다 보면 시간이 저절로 단단해지게
만들어 줄 것이니 미리 걱정할 필요 없다.
너무 먼 큰 산 같은 일들도
마침내 반드시 만만한 뒷산이 되는 날이 오리라.」

### 내 감정 한 줄 정리하기

## 드라이하면서도 나이스하게

　강의장에서 종종 '천사'를 만나는 경우가 있다. 어느 날은 내 모든 이야기에 적극적으로 호응해 주는 것은 물론이고, 강의에 필요한 교보재를 정리해 주고 심지어 강의장에 남은 쓰레기까지 치워주는 교육생을 만난 적이 있다. 사실, 교보재를 정리해 주고 강의장 환경을 준비해 주는 직원이 따로 있기 때문에 교육생은 교육에 참여만 하면 된다. 그렇게까지 하지 않아도 되는데 다른 사람이 흘린 쓰레기까지 직접 정리하는 그분의 마음이 궁금했다.

　'착한 사람 콤플렉스'를 갖고 있는 사람들이 있다. 항상 주변에 도움을 주고 다른 사람을 배려하고 양보하는 천사들이다. 천사의 주변은 늘 빛이 나고 따뜻하다. 이런 사람들 덕분에 세상이 아직 아름답다. 훌륭한 사람들이다. 그렇지만 정작 그 천사의 마음에 그늘이 있는 경우가 있다.

주변에 맞춰주는 것, 자신이 불편해도 참고 양보하는 것, 남을 위해 희생하는 것에는 에너지가 든다. 착한 사람은 쉽게 지친다. 착하다는 것은 주변을 향해 레이더를 켜야 할 수 있는 행동들이다. 상대방에게 무엇이 필요하고 어떤 점이 불편한지 알아야 배려해 줄 수 있다. 레이더를 자신 내부보다 외부에 돌리고 있어야 가능한 행동들이다.

그러다 보니 정작 자신의 마음 상태를 돌볼 레이더가 꺼져 있다가 어느 순간 모든 에너지가 소진되어 지치게 된다. 늘 주변을 밝히는 천사들이 지쳐있는 순간에 평소보다 덜 착한 모습을 보여줄 때가 있다. 그럴 때 주변 사람들은 놀랍게도 "변했어."라고 말한다. 열 번 못 하다가 한 번 잘하는 사람이, 열 번 잘하다가 한 번 못 하는 사람에 비해 훨씬 평가가 좋은 억울한 경우가 있다.

사회생활은 적당히 '드라이하면서도 나이스'하게 하면 된다. 자신의 모든 감정 에너지를 소진하면서까지 지나치게 착할 필요 없다. 인정에 대한 욕구가 큰 경우 '착한 사람 콤플렉스'를 갖게 된다. 주변 사람의 인정이 아닌 다른 종류의 인정을 찾아보자. 나는 인정받지 못해도 존재 그 자체로 충분히 가치 있는 사람이다. 누군가가 나에게 칭찬해 줄 때만 내가 가치 있는 사람이 되는 것은 아니다. 적당히 드라이할 필요가 있다. 그렇다고 무례하거나 이기적인 태도는 좋지 않다. 적당한 나이스함도 필요하다. 내가 할 수 있는 만큼의 양으로 베풀면 된다. 너무 과하게 베풀고 과하게 상처받고 금방 지칠 필요는 없다는 것이다. 주변에 너무 차갑지도 너무 따뜻하지도 않은 미지근한 사람이면 충분하다.

주변에 과하게 베풀고 누군가로부터 인정받는 순간에만 긍정적인 감정이 들고, 인정받지 못하면 부정적인 감정에 금세 빠진다면 감정의 파도 속에서 괴로워진다. 적당히 미지근한 사람, 적당히 드라이한데 그래도 나이스한 사람이 되어보자. 이런 태도가 나의 감정의 롤러코스터를 줄이고 잔잔하고 평온한 감정을 유지하는 데 좋은 방법이다.

「누군가가 나를 인정해 줄 때만 내가 가치 있는 사람이 되는 것은 아니다. 인정을 좇느라 너무 에너지를 소진할 필요 없다. 주변에 너무 차갑지도 너무 따뜻하지도 않은 미지근한 사람이면 충분하다.」

### 내 감정 한 줄 정리하기

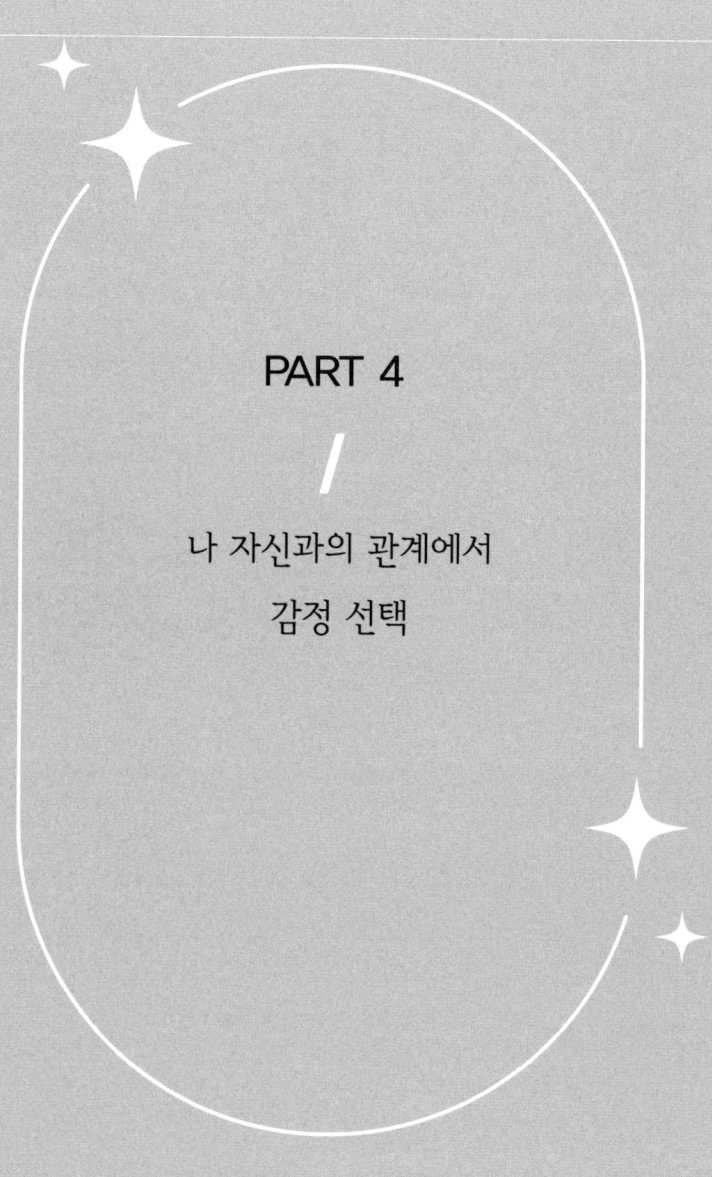

# PART 4

## 나 자신과의 관계에서 감정 선택

## 누구나 어떤 날은 아무것도 하기 싫다

어떤 날은 하루를 빼곡하게 일하고 가족을 챙기면서 운동하고 자기계발까지 하는 날이 있다. 갓생(God 生) 사는 날인 것이다. 알찬 하루를 보냈다는 생각에 뿌듯하다. 어디서 이런 에너지가 나오는지 스스로 대견하기까지 하다. 그런데 또 어떤 날은 침대에 누워서 한 발짝도 나가지 못하고 축 처져 있는 날이 있다. 이런 날은 물 한 잔 뜨러 주방에 가는 것조차 용기를 내야 한다. 손가락 하나 까딱할 에너지도 없고 만사가 귀찮고 무기력한 날이 있는 것이다. 이런 날은 하루 끝에 아무것도 해내지 못했다는 죄책감과 허무함이 나를 가득 짓눌렀다. 갓생 살고 싶었지만, 의미 없는 하루를 보낸 것에 후회의 파도가 밀려왔다. 이런 하루하루가 반복되는 것이 나의 삶이다.

한국인들은 유난히 갓생에 집착한다. 직장을 다니는 것만으로도 충분히 자기 몫을 잘 해내고 살아가고 있는 것인데도 자기계발이나 무언가를 더 해야 한다는 압박감이 있다. 집 안을 청소하거나 아이를 돌보는 것만으로도 충분히 대단히 삶을 열심히 살아가고 있는 것인데도 남들과 비교하며 뭐라도 더 해내야 할 것 같은 부담감을 안게 된다.

아무것도 안 하면 또 어떠한가? 그저 숨을 쉬고 체온을 유지하며 오늘 하루를 생명체로서 무사히 버텨낸 것만으로도 사실 충분하다. 그러나 우리는 끊임없이 남들과 비교하고 "어서 더 해봐. 안일하게 여기서 만족하면 안 돼. 더 잘해야 해."라고 엄격한 기준을 갖다 대며 스스로를 괴롭힌다. 재테크, 자격증, 운동, 대인관계와 화법 등 수많은 자기계발 서적과 유튜브 채널들은 한국인들에게 꾸준히 사랑받는다.

어느 날 아이가 이런 이야기를 했다. "엄마, 내가 상어로 태어났으면 숙제 안 해도 되고, 양치질 안 해도 될 텐데…" 그 말을 듣고 마음이 쿵 하고 놀랐는데, 사실 속으로 나도 비슷한 생각을 하며 살기 때문이었다. 일을 하고 가족들을 돌보고 논문을 쓰고 학위도 취득하고 자격증도 따내면서도 재테크도 열심히 해야 하고 늘 성장하는 내가 되어야 했다. 그 자리에 가만히 있으면, 그 자리마저도 지키지 못하게 될 테니까. 끊임없이 더 위로 올라가려고 성장하려고 노력하며 애쓰며 살아왔다. 그러나 '더 이상 노력하기 싫다'라는 생각이 드는 순간이 있다. 그런 모든 노력들이 때로는 지긋지긋해지고 아무것도 하기 싫어질 때가 있다.

그런데 사실, 아무것도 하기 싫은 날은 사실 우리에게 꼭 필요한 날이다. 우리의 몸과 마음이 제발 좀 쉬라고, 준비한 체력이 모두 소진되었으니 오늘 하루 문을 닫아야 한다고 보내는 사인이다. 그런 날을 반갑게 맞이하자. '아 오늘이 내 인생의 휴업일이구나.'라고 편하게 마음먹어도 괜찮다.

쉼표가 있다고 해서 다시 시작할 수 없는 것이 아니다. 마침표를 찍지 않았다면 잠시 쉬어가도 우리는 언제든 다시 이어갈 수 있다. 쉼표에서 불안감을 느끼는 대신에 해방감을 느끼고 다시 시작할 수 있는 에너지와 용기를 얻어보자. 아무것도 하기 싫은 날은 아무것도 하지 않아도 괜찮다. 하루종일 침대에서 한 발짝도 나가지 않아도 괜찮고, 하루종일 배달음식으로 끼니를 때워도 괜찮고, 세상에서 제일 게으른 하루가 되어도 괜찮다. 그런 날도 있어야 우리는 살아갈 수 있다.

이런 하루 끝에 죄책감이나 불안감을 느끼지 않는 것이 중요하다. 쉼표를 유유히 편안하게 받아들이는 사람이 일류이다. 마침표를 찍지 않는다면 우리는 언제든 다시 시작할 수 있다.

「그저 숨을 쉬고 체온을 유지하며 오늘 하루를 생명체로서 무사히 버텨낸 것만으로도 사실 충분하다.」

내 감정 한 줄 정리하기

## 잔잔한 노력이면 충분해

 10년 전쯤 아이가 어렸을 때의 일이다. "여기서부터 저기까지 엄마랑 뛰어보자."라는 말이 무섭게 초반부터 전력을 다해 뛰어가던 아이는 얼마 가지 못해 쿵 하고 넘어졌고 울음을 터뜨렸다. 시합을 제안한 것이 후회되고 아이에게 너무나 미안했다. 그러나 생각해 보니 아이에게 이번 기회에 페이스를 조절하며 달리는 것을 가르쳐줘도 괜찮겠다는 아이디어가 번뜩였다. "끝까지 뛰려면 처음부터 너무 힘을 빼면 안 돼."라고 설명했다. 물론 아이가 알아듣긴 어려웠겠지만 나는 알려주고 싶었다. 이것이 삶의 방식이라고, 달리기도 삶도 페이스 조절이 필요하다고 가르쳐주고 싶었다.

 장거리 마라톤을 할 때와 100m 달리기를 할 때 우리는 다른 방식으로 달린다. 장거리 마라톤에서 중요한 것은 페이스 조절이다. 마라톤을 100m 달리기처럼 할 수 있는 모든 에너지를 쏟아내서 전속력으로 달리면 완주할 수 없다. 적당히 체력과 호흡을 조절해서 끝까지 달릴 수 있도록 페이스를 조절해야 한다. 우리의 삶은 100m 달리기가 아니라 장거리 마라톤이다.

무엇인가에 열정적으로 몰입해 할 수 있는 모든 에너지를 쥐어 짜내 노력하다 보면 '번아웃'에 빠져서 무너지는 경우가 있다. 시험에 합격하기 위해, 취업을 위해, 승진을 위해, 업무에서 성과를 내기 위해, 재테크에 성공하기 위해, 완벽한 육아를 위해, 누군가를 최선을 다해 돌보기 위해 등등…. 최선을 다해야 하는 상황은 우리 인생에 많다. 열정을 다해본 사람들은 공감할 것이다. 일의 결과가 노력의 양에 항상 정비례하는 것은 아니다. 최선을 다해도 결과가 나쁠 수 있다. 반대로 설렁설렁 힘 빼고 했는데 의외로 결과가 좋은 경우도 있다. 열심히 한다고 결과가 보장되는 것이 아닌 것이 우리의 인생이고, 오히려 지쳐서 끝까지 완주하지 못할 가능성만 높아진다.

사람의 에너지는 한정된 자원이다. 자신의 모든 에너지를 영혼까지 끌어모아서 쏟아내면 언젠가 고갈되고 지쳐서 나가떨어질 수밖에 없다. 좋은 결과를 위한 노력도 중요하지만, 장기전인 삶에서 나를 지키는 것 또한 중요하다. 무엇을 하든 적당히 힘을 빼고 내가 할 수 있는 만큼의 70%만 노력하자. 120%로 최선을 다해 내 영혼을 갈아 넣을 필요 없다. 120%의 노력으로 몇 번 하다 지쳐서 무너지는 것보다 70%로 잔잔하게 그러나 꾸준하게 하는 것이 훨씬 더 효과적이다. 우리 삶의 물을 꼭 100℃까지 팔팔 끓일 필요 없다. 70℃의 미온수로 적당히 미지근하게 그러나 꾸준하게 끓이는 것이 우리 삶에 있어서 훨씬 현명한 자세이다.

무엇을 하든 열정을 지나치게 쏟지 말자. 그러다 지치면 다 소용없다. 그저 잔잔한 노력이면 충분하다. 한두 번 최선을 다해 열심히 한 사람보다, 백번 천번 적당히 열심히 한 사람이 훨씬 낫다. 단 한 번 5시간 동안 최선을 다해 운동한 사람보다, 매일 10분씩 10년간 꾸준하게 운동하는 사람이 더 건강하다. 삶의 온도는 미지근하게 그러나 꾸준하게 지속적으로 끓여야 한다.

「사람의 에너지는 한정된 자원이다.
자신의 모든 에너지를 영혼까지 끌어모아서 쏟아내면 언젠가
고갈되고 지쳐서 나가떨어질 수밖에 없다.」

### 내 감정 한 줄 정리하기

## 죽고 싶은 게 아니라, 놀고 싶은 거야

몇 년 전, 친한 친구가 내게 했던 말 중 가장 충격적이었던 한마디는 "죽고 싶어"였다. 그 순간, 가슴이 쿵 하고 내려앉았다. 친구에게 엄청난 일이 일어난 것은 아닐까? 어서, 전문가를 찾아가서 적극적인 마음의 치료를 해야 하나? 내가 뭐부터 도와줘야 하지? 여러 가지 생각이 머리를 스쳤었다. 친구와 전화로 이야기 중이었는데, 당장 친구가 있는 곳으로 달려가기 직전이었다. 그런데, 알고 보니 그 친구는 지금의 상황을 벗어나고 싶은 마음에 의미 없이 했던 말이었다.

이야기를 들어보니, 직장에서 새로 맡은 프로젝트 때문에 야근이 계속되어서 겨울이면 꼭 가던 스키장도 못 가고, 좋아하던 모임도 못 나가고, 평일엔 넷플릭스 한 편 볼 시간이 없다는 것이었다. 심리적 문제나 다른 어려움이 있는 것은 아니었다. 지금 답답한 상황이 어서 종료되었으면 좋겠다는 바람을 다소 격하게 표현한 것이었다. 그 친구의 진짜 속마음은 사실, 놀고 싶었던 것이었다. "다시 말해줄래? 죽고 싶은 게 아니라, 놀고 싶은 거네." 앞으로는 "아~! 놀고 싶어. 쉬고 싶어! 자고 싶어!"로 마음을 표현하기로 나와 약속을 했었다.

이런 엉뚱한 표현은 이 친구에게만 해당하는 이야기가 아니다. 우리는 종종 진짜로 삶을 완전히 끝내고 싶다는 의미의 죽고 싶어서가 아닌, 습관적으로 내뱉는 말 중에 이런 경우가 있다. 연인끼리 싸울 때 홧김에 말하는 "너 나신 보고 싶지 않아!"라는 표현도 사실은 진짜로 영영 헤어지자는 뜻이 아닌 경우도 있다. '너 때문에 너무 힘들어. 그러니 나를 힘들게 하지 말아줘. 너를 좋아해서 힘든 거야.'라는 속뜻이 담긴 경우가 있다. "다 때려치우고 싶어! 될 대로 되라지! 어떻게 되든 상관없어!"라고 말하는 경우에도 진짜로 어떻게 되어도 상관없다는 뜻이 아닌 경우도 있다. 잘해보려고 하는데, 계속 잘되지 않으니까 답답해서 홧김에 나오는 표현인 것이다.

우리가 힘들 때 습관처럼 내뱉는 말의 하나인 "죽고 싶다"는 말은 사실은 죽을 정도로 힘들다는 뜻이고, 잘해보고 싶은데 뜻대로 되지 않는다는 뜻이 내포되어 있다. 단지, 지금 이 상황에서 벗어나고 싶다는 의미이다. 가수 허각의 노래 중에 〈죽고 싶단 말밖에>라는 노래가 있다. 가사를 보면 진짜 삶을 끝내고 싶다는 의미가 아니다. 네가 보고 싶어 죽겠고 너 없는 삶을 견디기 힘드니, 너를 다시 만나고 싶다는 내용이다. 너를 다시 만나려면 무엇보다 꼭 살아 있어야 한다. 우리 속담과 관용어에는 죽는다는 표현이 꽤 자주 들어간다. "둘이 먹다가 하나가 죽어도 모를 맛", "무심코 던진 돌에 개구리가 맞아 죽는다.", "호랑이는 죽어서 가죽을 남기고 사람은 죽어서 이름을 남긴다." 등등 수많은 표현이 있다. 그러다 보니 무심코 "죽는다"라는 표현을 우리 일상에 가까이 가져오게 되는 것이다. 그런데, 죽고 싶지 않으면서도 굳이 죽고 싶다고 말할 필요가 있을까? 마음에 없는 소리를 하면서, 감정 혼란을 만드는 것은 스스로 나를 더 힘들게 만드는 일이다.

간혹 우리는 자신의 감정을 제대로 인지하거나 표현하지 못하는 감정 혼란에 빠지는 경우들이 꽤 자주 있다. 자신이 화가 난 건데 슬프다고 인식하고, 불쾌한 감정인데 부끄럽다고 착각하며, 억울한 상황인데 우울하다고 여기기도 한다.

우리가 감정을 잘못 인지하는 데에는, 잘못된 언어 표현 역시 분명 영향을 미친다.

언어는 사고를 지배한다. 내가 한 말에 책임을 지기 위해, 우리의 뇌는 그 감정을 가까이 끌어오게 된다. "슬프다"는 말을 백 번 하면, 어느 순간 정말로 슬퍼지고, "기분 좋다"고 백 번 말하면 묘하게 기분이 좋아진다. 감정 표현과 관련해 잘못된 언어를 습관적으로 사용하게 되면, 감정을 혼란스럽게 만든다. 우리 뇌가 착각하게 만든다. 더 이상 삐뚤어진 표현으로 감정 혼란을 가속화하지 말아야 한다. 내 감정을 정확하게 인지하고 표현할 수 있으려면 연습이 필요하다. 그 연습에 방해가 되는 마음에도 없는 소리는 이제 멈춰야 한다. 감정 표현이 어려운 경우에는 감정 일기를 쓰는 것도 좋고, 시중에 나와 있는 감정카드와 감정사전을 활용해 보는 것도 좋다. 다른 사람의 마음을 읽어주기 전에 우선 나의 마음을 먼저 읽어주자. 오늘 나의 마음은 어떤가?

「언어는 사고를 지배한다.
잘못된 언어는 감정 혼란을 가속화하게 만든다.」

### 내 감정 한 줄 정리하기

## 아무것도 못 한다는 것은,
## 사실은 다 잘하고 싶은 마음

얼마 전, 해외여행 계획을 열심히 세우고 결국 여행은 가지 못하는 일이 있었다. 완벽한 숙소와 이동 경로, 완벽한 맛집과 관광지, 여행 꿀팁 정보 등을 공부하고 계획을 세우다 보니 너무 큰 숙제로 느껴져서 가기도 전에 지쳤다. 휴식을 위해 여행을 가는 건데, 이건 더 큰 스트레스를 쌓는 일이겠구나 싶어서 결국 포기했다.

강사들이 강의 준비를 할 때 가장 경계해야 할 것은 의외로 '완벽주의'이다. 완벽주의를 내려놓아야 강의를 제대로 준비할 수 있다. 초보 강사였을 때, 강의 하나를 준비하기 위해 몇 날 며칠을 밤을 새웠던 기억이 있다. 사내 강사였을 때는 새로운 주제나 새로운 교육대상자들을 만나는 날에는 일주일 전부터 잠을 제대로 자지 못했다. 단순히 긴장해서라기보다는 완벽하게 해내고 싶었기 때문이었다. '어디에서도 들어본 적 없는 대단히 신선하면서도 마음에 쿵하고 와닿는 강력한 메시지를 최적의 효율화된 구성으로 설계하고 그러면서도 재미있게 강의해야지! 강의 끝나면 모두 감동하게 만들어야지!'라는 말도 안 되는 원대한 포부를 품었었다. 이런 마음의 짐을 갖고 있으면 강의안을 수백 수천 번을 수정해도 만족할 수 없다. 마무리를 하지 못하는 것이다. 완벽하게 하느라 끝을 낼 수가 없다. 이런 일이 반복되면 그다음에는 아예 시작조차 어려워진다. 내가 초보였을 때 했던 실수였다. 물론, 지금은 완벽한 시작보다 완벽한 마무리가 더 중요하다는 것을 아주 잘 안다.

미국 IDEO의 피터 스킬먼(Peter Skillman)이 고안한 "마시멜로우 챌린지 실험"이 있다. 이 실험에서는 대학원생, 변호사, CEO, 유치원생 등 다양한 그룹이 스파게티와 마시멜로우로 높은 탑을 쌓는 도전을 한다. 놀랍게도 유치원생들이 대학원생, CEO, 변호사들을 이겼다. 대학원생들이 완벽한 전략을 설계하는 동안, 유치원생들은 어떠한 설계나 전략 없이 일단 쌓고 무너지면 다시 쌓고 이 단순한 방법을 반복했던 것이었다. 때로는 완벽한 계획이나 전략보다는 부족한 채로 일단 시도하고, 하면서 적당히 수정해 나아가는 것이 훨씬 더 좋은 방법일 수 있다. 무엇을 시작하기 전에 지나치게 완벽하게 잘하려고 하다 보면,

시작조차 쉽지 않게 된다.

세상에는 '게으른 완벽주의자'들이 꽤 많다. 완벽주의자들은 무언가를 시작하기 전에 로딩시간이 오래 걸린다. 어떤 일을 하기 전에 그 일을 너무 잘하고 싶은 마음이 크면, 그 일을 시작하기가 어려워진다. 참 아이러니한 이야기이다. 최선을 다하려고 할수록, 제로가 되는 꼴이다.

그래서 이런 완벽주의자들은 남들이 볼 때 아무것도 안 하는 게으른 사람으로 종종 오해받는다. 겉으로 행동을 아직 시작하지 않아서 그렇지, 머릿속에서는 이미 시뮬레이션을 두 바퀴, 세 바퀴 돌렸기 때문에 상당히 열심히 했다. 그리고 지쳤다. 우리 뇌는 상상과 현실을 쉽게 구분하지 못한다. 그래서 무언가를 시작하기 전에 머릿속으로 완벽하게 그림을 그리고 사전 준비를 하는 것만으로도 우리 뇌는 실제 그 일을 실행한 것처럼 여기고 에너지를 소진하게 된다. 준비하다가 지쳐서 아무것도 못 하는 일이 생기는 이유가 바로 여기에 있다.

"아무것도 못 하는 것은, 사실은 다 잘하고 싶어서이다." '열심히, 최선, 완벽하게, 열정' 이런 감정들은 우리를 앞으로 나아가게 하는 긍정적 감정이지만 때로는 우리의 발을 붙잡는 족쇄가 되기도 한다. 무엇이든 과하면 독이 된다. 이런 긍정적 감정도 너무 과하면 독이 될 수 있다. 적당한 감정의 크기 조절이 필요하다. 적당한 열정으로 일단 그냥 시작하자. 처음부터 완벽하게 잘하려는 마음은 넣어두자. 그냥 일단 시도하고, 잘 안되면 그때 가서 수정하면 된다는 마음으로 조금 더 편안하게 그냥 스윽 시작하면 된다. 일단 하다 보면 더 좋은 아이디어가 생각나기도 하고, 나만의 노하우가 생기기도 한다. 첫술에 배부를 수 없다. 무엇이든 수정에 수정을 반복하다 보면 완벽에 가까워지게 된다.

그리고 아무것도 못 하는 나 자신을 때로는 달래주자. 사실은 진짜 속마음은 '다 잘하고 싶어서'라는 것을 스스로는 잊지 말자. 꼭 잘 하지 않아도 괜찮다. 일단 시도하자. 일단 시작하면 그다음은 어떻게든 흘러가게 된다. 그리고, 시작을 꼭 지금 하지 않아도 괜찮다. 아무것도 못 하는 날도 나는 여전히 괜찮다. 아무것도 못 하는 시간조차도 나 스스로를 응원하는 마음을 잊지만 않는다면 말이다.

「적당한 열정으로 일단 그냥 시작하자.
처음부터 완벽하게 잘하려는 마음은 넣어두자.
그냥 일단 시도하고, 잘 안되면
그때 가서 수정하면 된다는 조금 더 편한 마음으로
그냥 스윽 시작하면 된다.」

### 내 감정 한 줄 정리하기

# 생각하지 않는 것이
# 최고의 감정 조절이다

"긍정적으로, 좋게 생각하세요. 모두 다 잘될 거예요." 나는 이 말을 별로 좋아하지 않는다. 좋은 말이지만 쉽게 이뤄질 수 없는 숙제 같은 말이라고 느끼기 때문이다. 생각하지 않으려 하면 할수록 생각의 늪에 더욱 깊게 빠지게 된다. 생각을 멈추는 것은 우리의 힘으로 되지 않는다. 감정을 통제하는 것도 우리의 의지만으로 할 수 없는 일이다. 감정과 생각은 그냥 두둥실 저절로 떠오르는 것이다. 우리가 의지를 가지고 스스로 하고 있다는 것은 착각이다. 뇌에 그냥 떠오르는 것이 생각이고, 의도하지 않아도 그냥 나도 모르게 나에게 어느 날 찾아오는 것이 감정이다.

감정을 조절한다는 것은 억지로 생각의 스탑 버튼을 눌러서 긍정적인 감정을 갖도록 애쓰는 것이 아니다. 꼬리를 무는 부정적인 생각과 세트로 따라오는 부정적인 감정을 없애거나 제거할 수는 없다. 다만, 바라보고 인지할 수 있으며 수많은 감정 중 어떤 감정을 더 많이 꺼내볼지는 선택할 수 있다.

최근에 나는 불면증이 생겨 밤에 쉽게 잠을 이루지 못하거나, 자다가 여러 번 깨는 일이 잦아졌다. 불면증이 괴로운 것은 단순히 잠을 못 자는 것을 넘어서서 그 시간에 머릿속이 너무 시끄럽다는 점이다. 잠들지 못하는 고요한 시간에, 내 마음속은 가장 시끄럽다. 온갖 잡생각이 머리를 꽉 채우고 그 생각의 결론은 꼭 부정적인 곳으로 치닫게 된다. 이미 지나간 일에 대한 후회와 괴로움, 아직 일어나지도 않은 미래의 일에 대한 걱정과 불안이 마음을 짓누른다.

서울대 의사 출신 홍승주 '오웰헬스' 대표는 그의 유트브 채널에서 "반복되는 부정적인 감정을 조절하기 위해서 생각과 거리를 두어야 한다"고 이야기한다. 우리는 감정이 떠오르는 것을 통제할 수 없다. 다만, 떠오르는 그 감정 중에 어떤 것에 더 많이 반응할지를 선택할 수 있다는 것이다. 우리 인간은 부정적인 생각을 더 많이 하게끔 진화해 왔다. 원시 시대에 적이나 맹수가 나타나면 최대한 위협에 크게 부정적으로 반응해야 생존할 수 있었다. 그래서 우리는 생존에 유리하게끔 어떠한 상황에서 최대한 부정적인 감정을 느끼도록 진화해 온 것이다.

　많이 생각할수록, 우리 뇌는 부정적인 감정 쪽으로 스스로를 몰아가도록 설계되어 있다는 것이다. 그래서 우리에게는 '생각 흘려보내기'가 필요하다. 어떤 생각을 지나치게 깊게 파고들어서 원인을 분석하면 할수록 몰입하면 할수록 부정적 생각에 매몰되게 된다. 원치 않는 생각이 두둥실 머릿속에 떠오른다면 일단 인지하자. 그리고 파고들지 말고 흘려보내는 것이 좋다. '왜 하필 나에게 이런 일이 일어났지? 저 사람은 도대체 나한테 왜 그렇게 한 거야? 사람들이 다 나를 미워하는 건가? 내 인생은 늘 되는 일이 없어.'로 흘러가는 생각의 고리를 끊어야 한다.

　떠오르는 생각을 그냥 내버려 두기, 흘려보내기를 위해 그 생각과 전혀 무관한 다른 행동을 하는 것이 좋다. 고민의 원인을 깊이 있게 탐구해서 분석하지 말고, '아~ 내가 이런 고민이 있어서 지금 불안하고 우울하구나.' 인지한 뒤에는 그냥 산책을 가자. 또는 맛집 음식을 배달시켜 먹거나 여행 계획을 세우자. 여기서 말하는 산책, 맛집, 여행은 하나의 예시이다. 가만히 생각을 멈추는 것이 어려운 사람들에게는 〈움직이는 명상〉이 좋다. 산책을 하며 풍경과 산책에 움직이는 자신의 몸에 집중해 보는 것, 운동을 하며 본인의 신체에 집중해 보는 것, 맛있는 음식을 먹으며 혀와 입의 움직임에 집중해 보는 것이 그 예시이다. 잠시 덮어두고 다른 생각으로 전환할 수 있게끔 의도적으로 노력해 보자는 의미이다. 이러한 노력은 회피가 아니고 살기 위한 전환이다. 때론 생각하지 않는 것이 최고의 감정 조절일 수 있다.

「어떤 생각을 지나치게 깊게 파고들어서 원인을 분석하고 몰입
하면 할수록 부정적 생각에 매몰되게 된다.
그 생각과 전혀 무관한 다른 행동을 하는 것은
회피가 아니고 살기 위한 전환이다.」

**내 감정 한 줄 정리하기**

## 오늘은 자기계발서 말고, 고양이나 보자

시즌 3까지 흥행을 기록하고 있는 넷플릭스 '오징어 게임 시즌 2'에서는 두 주인공의 러시안룰렛 게임으로 이야기를 시작했다. 러시안룰렛은 여러 발을 쏠 수 있는 권총에 1개의 총알을 넣고 방아쇠를 당기는 것을 말한다. 철저히 운에 맡기는 게임이다. 인생에서 노력이 미치는 영향이 더 클까? 아니면 운의 영역이 더 크게 작용할까?

얼마 전 계획했던 일이 외부요인으로 인해, 완전히 어그러진 일이 있었다. 일생일대의 중대한 계획이었고 몇 년 전부터 준비했던 일이었으나 한순간에 무너지고 말았다. 이 일을 준비하기 위해 나는 몇 년간 쉬는 날도 없이 끊임없이 공부하고 책을 보고 현장을 뛰어다녔다. 그동안 주말에도 이 일을 위해 내가 흘렸던 땀과 눈물은 어디에서 보상받지? 억울하기도 하고 허무하기도 했다. 인생을 살다 보면 노력과 결과가 정비례하지 않는 경우들을 종종 마주한다. 최선을 다해 노력해도 실패할 수 있고, 대충 설렁설렁했는데 의외로 좋은 결실을 맺는 경우도 있다. 내가 그동안 흘려왔던 땀은 소위 '갓생'을 쫓는 사람들의 자기계발 중 하나였다. 자기계발이란 미래의 결실을 위해 현재를 갈아 넣는 일이다. 우리는 자기계발이 행복한 삶의 필수라며 칭송받는 문화에서 살아왔다. 기대했던 미래를 손에 넣는다면야 괜찮겠지만, 나의 경우처럼 인생이란 노력한다고 해서 결과를 보장받을 수 없다. 그러니, 너무 현재를 갈아 넣으며 열심히 먼 미래만을 쫓으며 살 필요는 없다.

tvN 드라마 〈미지의 세계〉에 이런 대사가 나온다. "어제는 끝났고 내일은 멀었다." 우리에게 고통을 주는 대부분의 마음의 짐은 과거와 미래에서 온다. 마음이 가벼워지려면, 행복해지려면 현재에 충실해야 한다. 과거에 내가 했던 행동에 대한 후회, 원치 않게 일어났던 과거의 일에 대한 속상한 마음은 여전히 현재에 남아 있다. 아직 오지 않은 불투명한 미래에 대한 불안감과 걱정 또한 현재의 나에게 있다.

정윤철 영화감독은 huffingtonpost에 게시한 글에서 "신피질에 사로잡히면 고양이보다 불행하게 된다."라고 이야기했다. 인간은 두뇌의 신피질 발달로 과거, 현재, 미래의 시간 개념이 생겼고

이로 인해, 역사를 이룩했지만 불행해지기도 한다는 것이다. 정윤철 감독의 이야기에 따르면, 고양이들은 평생을 집에서 사는데 '언제까지 이 좁은 집에 갇혀 살게 될까? 옆집 고양이보다 츄르를 더 많이 얻기 위해 앞으로 어떤 노력들을 해야 할까?' 따위의 생각을 하며 스스로 불행하게 만들지 않는다. 어쩐지 고양이는 아침에 준 캔을 저녁에 또 줘도 잘 먹는다. 고양이는 그저 그 순간에 충실하며 하루하루를 행복하게 산다.

『죽음의 수용소』의 서사이자 나치 수용소에 수감되었던 정신과 박사 빅터 프랭클은 수용소에서 가장 오래 살아남은 사람들은 현재에 집중했던 사람들이었다고 한다. 현재의 고통을 잊기 위해 과거의 기억을 지나치게 추억하는 사람들, 미래에 대한 지나치게 큰 기대와 희망으로 가득 찼던 사람들보다 오히려 현재를 받아들이고 그 안에서의 인간의 존엄성을 잃지 않는 데 집중했던 사람들이 더 오래 생존했다. 현재에 집중하는 것이 인간에게 얼마나 중요한 생존전략인지 알 수 있는 이야기이다.

미래를 위해 현재를 갈아 넣으며 자기계발에 쓰는 에너지를 현재로 조금만 가져와 보자. 오늘 하루라도 자기계발서를 보는 대신, 귀여운 고양이를 보는 선택을 해 보자는 것이다. 우리 집 고양이도 좋고, 길고양이도 좋고, 유튜브에 이름 모를 귀여운 고양이의 랜선 집사가 되어 보는 것도 좋다. 꼭 고양이가 아니어도 나를 현재에 행복하게 머무르게 할 수 있는 것이면 무엇이든 좋다.

그러나, 과거나 미래가 아닌 현재에 사는 것은 말처럼 쉽지만은 않다. 현재에 사는 가장 확실한 방법은 바로 가까운 미래에 사는 것이다. 과거나 미래에 대한 생각을 멈추는 것이 어차피 어렵다면, 그 생각을 그냥 해야 한다. 단, 과거는 내가 어찌해도 바꿀 수 없기에 적어도 과거에 대한 생각은 접어둬야 한다. 대신, 미래에 대한 생각을 허용해 준다.

먼 미래에 대한 생각은 막연한 불안감을 키울 수 있기 때문에 아주 가까운 미래의 생각에 집중하는 것이 좋다. 10년 뒤에 내가 직장을 퇴직한 이후 노후에는 어떻게 살아야 하지? 이런 미래의 불안이 스멀스멀 떠오르려고 한다면, 오늘 저녁에 뭐 먹지? 라는 가까운 미래의 생각으로 치환하는 것이다. 내가 썼던 방법 중에 가장 효과적인 방법이다.

지금 떠오르는 온갖 근심과 걱정 후회의 생각을 가까운 미래의 생각으로 전환해 보자. 생각이 심각해지도록 그냥 내버려 두지 말자. 심각해지게 깊어지게 두지 말고, 빠르게 가까운 미래의 일로 스위치 하자. '오늘 뭐 먹지? 오늘 일 끝나고 뭐부터 하지? 이번 주말에 어디 가지?' 이런 생각으로 먼 미래 노후에 대한 걱정을 덮는 것이다. 걱정이나 후회를 안 하는 것이 어려운 사람들은 차라리 덜 심각한 생각, 현재에 조금은 가까운 3~4시간 뒤의 미래만 생각하는 것이 좋다. 현재에 집중하라는 것을 머리로는 알지만, 마음이 따라 주지 못하는 사람들에게 이 방법이 훨씬 효과적일 수 있다. 현재에 100% 살기 어렵다면, 가까운 미래에 살자. 먼 미래에 대한 불안과 걱정을 덮어두고 내일과 모레 할 일을 정리하는 것이다. 생각을 생각으로 덮을 수 있다.

「먼 미래를 위해 현재를 갈아 넣으며 자기계발에 쓰는 에너지를 현재로 조금만 가져와 보자. 그러면 우리는 어제보다 오늘 조금 더 행복해질 수 있다.」

**내 감정 한 줄 정리하기**

## 세상에 대충하려고
## 노력하는 사람이 어디 있어?

"세상에 대충하려고 노력하는 사람이 어디 있어?" 20년 전쯤 대학 시절, 친구에게 들은 말이다. 세월이 한참 지나서도 잊혀지지 않는 문장이다.

대학 시절 나는 완벽주의자였다. 당시 언론인을 꿈꿨던 나는 인턴기자로 매일 취재 현장을 찾아가고 기사를 써 업로드하면서도 대학 생활을 병행했었다. 취업 준비를 위한 스펙 쌓기도 소홀하지 않았다. 자격증, 토익 공부를 하면서도 전공 공부에 소홀하지 않았고 올 A학점으로 장학금을 놓치지 않았다. 대인관계도 잘하고 싶었고 동아리와 학회 활동도 꾸준히 열심히 했다.
"지독하다. 지독해." 친구들이 내게 자주 했던 말이다. 노는 것까지도 최선을 다해 밤새워 놀았다. 나는 다 잘 해내서 후회 없이 완벽한 대학 시절을 보내고 싶었다. 다시 돌아오지 않을 한 번뿐인 시절이니까 말이다.

　이런 완벽함을 좇던 내가 대충 살기로 마음먹은 사건이 있었다. 여느 때와 같이 등교를 위해 아침에 일어나서 세수하려는 그 순간 가슴이 꽉 막히고 몸이 움직여지지 않았다. 세수라는 커다란 산에 감히 오를 수 없을 것 같은 느낌이 들었다. 세수가 너무 어려웠다. 나는 무엇이든 잘 해내고 싶은 완벽함을 추구했다. 지금 와서 생각하면 우스운 생각이지만, 당시엔 세수 하나도 허투루 하고 싶지 않아서 '효과적으로 세수하는 방법'을 검색해 따라 하곤 했다. 피부결대로 손가락의 방향을 맞추고 세안제는 pH 7에 맞는 제품으로 골라서 손톱만큼 손바닥에 덜고, 물의 온도는 차갑지도 뜨겁지도 않은 피부에 자극을 주지 않는 온도로 해야 했다.

　그 순간 갑자기 내가 잘해보려고 해 온 모든 노력이 지긋지긋해졌다. 잘하려고 하니까 아무것도 할 수 없었다. 세수는 내게 완벽하게 잘 해내야만 하는 엄청난 과제이고 큰 산이어서 감히 시작할 수 없었고 눈물이 났다. 무슨 세수를 완벽하게 하려고 노력해? 그런 사람이 어디 있어? 말도 안 되는 생각이지만 그 당시 나는 그런 사람이었다. 그 세수 사건에서 나는 머리 한 대 쿵 맞은 것 같은 깨달음을 얻었다.

그 뒤 '무엇이든 대충 하자. 잘하려고 하지 말자.'라는 마음가짐으로 삶을 대하기 시작했다. 처음엔 완벽주의가 익숙한 나에게 무엇이든 힘 빼고 대충한다는 것도 연습이 필요했다. 언제부터인가 "대충하자"라는 말을 반복했고, 대충하려고 노력했다. 그런 내 노력을 안쓰럽게 여긴 친구의 한마디 "세상에 대충하려고 노력하는 사람은 너밖에 없을 거야."는 말은 20년이 지나서도 내 가슴에 남아 있다. 여전히 나는 이따금씩 삐져나오는 완벽주의를 꾹꾹 누르며 대충 가볍게 살기 위한 노력을 멈추지 않고 있다.

완벽주의자는 무언가를 시작하기가 어렵다. 시작하기도 전에 머릿속으로 완벽한 최선의 방법을 위해 애쓰느라 에너지가 소진되기 때문이다. 시작했다가 완벽하게 못 할 바에 아예 시작을 말자는 생각에 지배당하기도 쉽다. 아이러니하게도 가장 삶에 열정적인 사람이 가장 아무것도 하지 않는 게으른 사람으로 보인다.

나는 완벽주의자이면서도 시작을 곧잘 하는 편이었는데, 대신에 나를 온전히 갈아 넣어 재가 될 때까지 소진하는 유형이었다. 그러다 번아웃에 빠져 아무것도 못 하는 바보가 되어버렸던 것이었다. 어느 쪽이든 좋지 않다. 완벽주의를 버리고 조금만 내려놓으면 삶의 난도가 뚝 떨어진다. 조금 더 힘 빼고, 조금 더 가볍게 삶을 대해도 아무 일도 일어나지 않는다. 괜찮다. 우리 좀 더 가볍게 살자.

「아이러니하게도 가장 삶에 열정적인 사람이 아무것도 하지 않는 가장 게으른 사람으로 보인다. 완벽주의를 버리고 조금만 내려놓으면 삶의 난도가 뚝 떨어진다.」

내 감정 한 줄 정리하기

## 자신에게 2차 가해를 멈추자

"내가 사랑한 것 중에 왜 나는 없을까?" 드라마 〈런온〉에 나온 대사이다. 우리는 수많은 존재들을 사랑하며 살아간다. 부모님, 가족, 자녀, 연인, 친구, 강아지, 고양이, 맛있는 음식, 여행지, 아이돌, 연예인, 음악, 미술작품, 영화나 드라마 등등…. 우리가 사랑하는 존재들은 셀 수 없이 많다. 그러나 정작 스스로에게는 날카로운 잣대를 들이밀며 자기반성과 비판을 더 많이 한다. 더 열심히 해야 하는데, 열심히 못 한 자기 자신을 나무라고 스스로 채찍질하며 살아간다. 그것이 성장하는 어른의 방식이라 믿고 살아간다.

심지어 우리는 때론 내가 왜 그때 그런 감정을 가지게 됐는지 되돌아보며 감정에 대한 것들까지 반성의 시간을 갖는다. 내가 조금만 더 흥분하지 않았더라면, 내가 더 침착했다면, 하고 복기하는 것을 성장이고 발전이라 배워왔다. 자신의 과오를 돌아보고 반성하고 개선점을 찾아서 더 나은 내가 되는 것이 멋진 어른의 모습이라 여겨왔다. '내가 지금 화낼 때가 아니지. 겨우 이런 일로 속상한 건 나약한 거야.'라며 때로는 자신이 갖고 있는 감정을 억제하려 애쓰기까지 한다.

그러나, 감정은 억제하는 것이 아니라 인지하는 것이 먼저이다. 감정은 지나가는 것이다. 영원히 지속되는 감정은 없다. 화가 나다가도 시간이 지나면 그 분노의 감정이 반으로 줄어있고, 또 시간이 더 지나면 분노의 감정은 지워지고 그 위로 기쁨이나 편안함 같은 또 다른 감정이 자리한다. 우리가 할 수 있는 것은 감정이 지나가도록 그저 문을 활짝 열어두면 된다.

하나의 감정을 오랜 시간 마음속에 꼭꼭 가둬두지 않도록 흘려보내고 가벼워질 수 있도록 그저 두면 된다. 감정이라는 손님이 내 안에 들어왔다가 다시 나갈 수 있도록 문만 열어두면 된다. 굳이 느껴지는 감정을 억누르거나 이런 감정을 느끼면 안 된다고 자책할 필요 없다. 어차피 지나가는 감정인 것이니, 그대로 받아들이고 수용하는 것이 현명한 방법이다. 그러니, 느껴지는 감정에 대한 죄책감이나 비난은 인제 그만 멈춰도 괜찮다.

누구나 살다 보면 안 좋은 일을 겪게 된다. 그러면 딱 그 일만큼만 아파하면 된다. 그런데, 우리는 스스로를 한 번 더 공격하고 찌른다. "다 나 때문이야. 내가 그때 그러지 말았어야 했는데…."라는 반성이라는 포장지로 사실은 가슴을 쿡 찌르는 칼날을 들이민다. 누가 나에게 돌을 던지면 돌에 맞은 만큼만 아파하면 된다. 그런데 우리는 커다란 바위를 만들어서 나 자신에게 한 번 더 던진다.

예를 들어, 상사에게 한 소리 듣고 나서 우리는 퇴근하고 집으로 돌아와 그 상황을 다시 떠올리며, 상사가 했던 말을 곱씹어 의미를 해석해 본다. '그 말을 나한테 왜 한 거지? 완전히 나를 찍었다는 건가? 이제 가만두지 않겠다는 건가? 내가 그 실수를 하지 말았어야 했는데…. 나는 왜 이렇게 한심할까? 이제 직장생활 망했다.' 사실 그 상대방은 별생각이 없었을 수도 있다. 그냥 그 상황에 대한 지적일 뿐이었을 텐데, 곱씹고 상대방의 의중을 내 멋대로 해석하면서 나 자신을 한 번 더 공격하는 것이다. 상사한테 맞은 돌로도 충분히 우리는 아팠을 텐데, 왜 나 스스로 바위를 만들어서 한 번 더 던지는 것일까?

우리가 겪는 고통 중에 외부의 상황에서 주는 고통보다 때로는 나 스스로 만들어내는 2차 가해가 더 큰 경우들이 있다. 이미 충분히 아픈 나 자신을 더 괴롭히지 말자. 착한 사람들이 화살표를 내 안으로 돌리는 경우들이 있다. 상황이 잘못되어도, 다른 사람의 잘못이 더 큰 경우에도 자신 탓으로 돌리는 것이다. 나는 화살의 표적이 아니다. 함부로 비난하고 고통을 줘도 되는 그런 만만한 존재도 아니다. 인제 그만 스스로에 대한 2차 가해를 멈춰야 한다.

「우리가 겪는 고통 중에 외부에서 주는 고통보다 때로는 나 스스로 만들어내는 2차 가해가 더 큰 경우들이 있다. 이미 충분히 아픈 나 자신을 더 괴롭히지 말자.」

**내 감정 한 줄 정리하기**

## 나를 제일 미워하는 것도 나,
## 제일 응원하는 것도 나

전 세계 인기를 얻고 있는 넷플릭스의 〈케이팝 데몬 헌터스〉에는 정체성의 혼란을 겪는 캐릭터가 등장한다. 그리고 OST 중 〈what it sounds like〉의 가사에 이런 말이 나온다. "흉터는 나의 일부야. 어둠이자 조화로운 나의 일부, 나의 결점이나 아픔이 빛을 볼 수 있게 해야 했는데…" 우리는 스스로를 있는 그대로 받아들이고, 자신의 결점까지도 수용하고 사랑할 수 있어야 한다. 그러나 때로는 심지어 결점이 아닌 것까지도 결점으로 만들어서 스스로를 미워하는 경우들이 있다.

얼마 전에 오랜만에 고등학교 동창들을 만났다. 서로 살아가는 이야기를 하기 바쁜 와중에, 가장 인기가 좋았던 대화의 주제는 바로 요즘 인기 최고의 W다이어트약 이야기였다. 내가 보기에 참 날씬한 친구가 있는데, "나 요즘 너무 살쪘지? 요즘에 다이어트하느라 하루에 1끼만 먹어."라고 근심 가득한 얼굴로 이야기를 시작했다. 그 친구의 이야기를 시작으로 모두 자신들이 어디에 얼마나 살이 쪘고, 요즘 나이가 드니 주름이 얼마나 늘었고 하는 등의 이야기꽃을 피웠다. "그냥 생긴 대로 살면 안 돼?"라고 말하고 싶었지만 나름 열심히 이야기하는 분위기에 찬물을 끼얹고 싶지 않아 꾹 참았다.

나는 흰머리를 염색하지 않는다. 아직 흰머리가 많지 않기도 하지만, 더 많아지더라도 당분간 염색할 생각이 없다. 염색을 위해 써야 하는 시간도 비용도 모두 나에겐 번거롭고 불필요한 일이다. 그리고 흰머리가 뭐라고? 그냥 나의 일부라 생각한다. 훈장처럼 생각할 순 없어도 그동안 열심히 살아온 세월의 흔적 정도로 생각하기 때문이다.

외모 이야기만은 아니다. 우리는 가끔 이런 생각을 할 때가 있다. '내가 지난번에 한 말 때문에 상대방이 나를 안 좋게 보면 어떡하지? 내가 한 행동이 혹시 나쁜 사람으로 보였을까?' 그런데, 사람들은 생각보다 나한테 관심이 크지 않다. 각자 자기 삶을 살기 바쁘다. 사람들 입에 오르내리는 소문도 시간이 지나면 금방 잊혀진다. 그러니, 남에게 보여지는 모습, 심지어 보여지지 않는 모습까지도 스스로 날카로운 잣대로 미워하기 위해 최선을 다할 필요는 없다. 결점을 너무 열심히 찾을 필요 없다. 흐린 눈으로 나를 예쁘게만 봐줘도 아무도 뭐라고 할 사람이 없다. 나만큼 나를 열심히 미워하는 사람은 없다. 남들은 생각보다 나를 그렇게 나쁜 사람이라고 보지 않을 것이다. 그리고 한국인들은 스스로 생각하는 것보다 자신이 더 좋은 사람이 확률이 높다. 겸손의 미덕과 서로의 시선을 지나치게 신경 쓰는 문화 속에서 살아왔다는 것이 그 근거이다. 나를 제일 미워하는 것은 나이다. 남들이 아니다.

이제 나를 미워하기 위한 노력을 그만 멈췄으면 좋겠다. 지금 그대로 생긴 대로 살아도 꽤 괜찮은 사람이다. 나를 가장 크게 응원해 줄 수 있는 사람도 나 자신이다. 아무리 가까운 가족도 친구도 나의 사정과 마음을 온전히 헤아릴 수 없다. 나를 가장 잘 아는 나만이, 나를 제대로 응원할 수 있다. 나를 미워하는 마음을 내려놓고, 나를 응원하는 마음으로 그 자리를 채워보자. 우리는 스스로를 조금 더 사랑해도 괜찮다.

「남에게 보여지는 모습, 심지어 보여지지 않는 모습까지도 스스로 날카로운 잣대로 미워하기 위해 최선을 다할 필요는 없다. 나를 미워하는 마음을 내려놓고, 나를 응원하는 마음으로 그 자리를 채워보자.」

내 감정 한 줄 정리하기

# PART 5

## 지금, 한 걸음 내딛기

## 기분 전환은 홧김비용으로
## 하는 것이 아니다

나의 동료는 종종 새로운 아이템을 자랑하며 이런 말을 하곤 했었다. "어제 일하다가 너무 열 받는 일이 있어서 오늘 이거 질렀어! 플렉스 했어~! 내가 이러려고 돈 벌지. 고생했는데, 내가 이 정도도 못 써?" 그 새로운 아이템들을 보면 그리 대단한 것도 아니었다. 탁상용 선풍기, 핸드폰 거치대, 텀블러 등등…. 정말 소확행에 걸맞은 작고 소소한 아이템들이었다. 맞는 말이다. 우리가 그 고생을 했는데 이 정도의 소소한 사치도 못 부리면 안 되지 않을까?

그러면서 그 동료는 종종 카드값이 많이 나와 짜증난다며 뭐 하러 이 고생을 하며 돈을 벌어야 하는지 모르겠다며 원래 월급은 통장을 스치는 것이라고 말했었다. 생각해 보면, 우리가 기분 전환을 위해 지불한 소소한 홧김비용은 티끌 모아 티끌이 아니다. 그 티끌이 다시 한번 나를 짓누르고 옥죄이는 부메랑으로 돌아오는 것이다.

기분 전환을 잘하는 사람이 감정관리도 잘하게 된다. 홧김비용으로 기분 전환을 한다면, 정말로 기분이 좋아질까? 순간적으로 좋은 기분을 느낄 수는 있다. 그러나, 그 지속 시간이 투자한 비용에 비해 지나치게 짧을 수 있다. 게다가, 그 짧은 시간이 지나고 나면 이어서 카드 청구서와 함께 후회와 자책이 뒤따라오게 된다. 과연 이것이 진정한 기분 전환의 방법일까?

기분 전환이라는 이유로 내가 했던 행동이 또 다른 기분 나쁨의 씨앗이 되게 해서는 안 된다. 기분 나쁨의 씨앗을 이제 그만 심어두자. 그 씨앗은 나도 모르게 나의 마음속 숲에 구석구석 뿌려지고 무럭무럭 자라나서 어느 순간 나를 괴롭히는 또 다른 부정의 나무가 될 것이다. 이 부정의 나무를 키우지 않고 기분 전환을 하는 방법을 찾아보자.

기분이 좋지 않을 때일수록 할 일을 하자. 해야 하는 일들을 미루지 말고 차근차근 해냈을 때 얻게 되는 성취감과 개운함, 스스로에 대한 자부심, 자존감은 긍정적인 기분을 불러온다. 내가 기분 전환하는 방법은 아무 생각하지 않고 해야 할 일들을 하나씩 해내는 것이다. 기분이 좋지 않을 때는 청소나 운동을 하고 샤워를 하거나 밀린 업무를 처리한다. 그러다 보면 그 일들을 하느라 잠시 부정적인 생각을 멈출 수 있다. 그리고 그 일들을 완료하고 났을 때는 내가 무엇 때문에 기분이 안 좋았는지 잊어버리거나, 생각이 나더라도 그 강도가 반으로 줄어들어 있다. 게다가 할 일들을 해치움으로써 따라오는 보상감과 만족감이라는 긍정적인 기분이 그 자리를 채우게 된다. 뿐만 아니라, 운동을 하니 건강해지고, 업무를 처리했으니, 일의 결과가 좋아지게 되고, 청소를 하니 깨끗해지게 된다는 좋은 일들이 덤으로 따라온다.

할 일을 미룰 때 우리는 기분이 좋지 않다. 처리해야 할 업무, 숙제, 세차, 청소, 샤워, 설거지 등의 일상에서 꼭 해야 하지만 당장 하진 않아도 되는 일들을 미루게 되면 마음이 찜찜하다. 이런 일들은 급하지도 않고 너무나 귀찮다. 귀찮은 일은 최대한 미루고 싶다. 그러나, 미뤘을 때의 당장의 안락함을, 그 귀찮음을 이겨내고 해야 할 일들을 해치웠을 때의 개운함과 성취감으로 교환해 보자. 그리고 이러한 교환을 기분 전환의 도구로 사용해 보자.

여기서 주의할 것은 단순히 귀찮은 것과 도저히 무기력해서 자리에서 일어날 수 없는 것은 구별해야 한다. 아무리 의지를 내려고 해도 무언가에 의해 바닥에 빨려 들어갈 것 같은 커다란 무기력은 우울증이다. 마음이 아픈 것이니, 이 방법을 사용할 수 없다. 이런 사람들은 방법이 잘되지 않는다고 자책하지 않아도 괜찮다. 그럴 수 있다. 이런 경우는 아픈 마음을 치료하는 것이 우선 과제이다. 그렇지 않고 단순히 기분이 조금 좋지 않고 조금 귀찮은 정도의 상태라면, 이 방법을 추천한다. 기분이 좋지 않을 때, 귀찮음이라는 그 알을 깨고 밖으로 나와 할 일의 세계로 나아갈 수 있을 때 우리는 생각보다 많은 것을 얻게 될 수 있다.

「기분 전환이라는 이유로 내가 했던 행동이
또 다른 기분 나쁨의 씨앗이 되게 해서는 안 된다.
기분이 좋지 않을 때일수록 할 일을 하자.」

### 내 감정 한 줄 정리하기

## 감정 조절이 어려울 땐, 몸을 움직여야 한다

회복탄력성 강의를 할 때마다 자주 받는 질문 중에 하나가 바로 "강사님, 부정적인 생각이 멈추지 않는데 어떻게 해야 돼요? 강사님만의 비결이 있으면 알려주세요."이다. 우리는 종종 감정의 피도에 휩쓸려 도무지 감정이 조절되지 않는 경우가 있다. 생각이 멈춰지지 않을 때, 감정을 다스리기 어려울 때 가장 확실한 돌파구는 바로 몸을 움직이는 것이다. 머릿속으로 아무리 통제하려고 해도 역부족이다. 그럴 때는 머리가 아닌 몸을 써야 한다. 장소를 바꾸거나 환경을 바꿔야 한다. 지금 앉아 있는 그 자리와 그 환경에서 똑같은 자세로는 아무것도 바꾸지 못한다.

머릿속 생각을 바꾸려면 일단 자리를 박차고 밖으로 나가 환경과 장소를 바꿔주자. 산책을 하며 평소에 보지 않았던 주변을 보는 것도 좋고, 간단한 스트레칭을 통해 움직이지 않았던 근육을 움직여 보는 것도 좋다. 마음이 아플 땐 몸을 써야 한다. "머리가 나쁘면 몸이 고생한다."는 말이 있는데, 이렇게 바꿔 말하고 싶다. "몸이 적당히 고생해야 머릿속이 개운해진다."

 누군가 나에게 감정 조절의 해법을 1가지 묻는다면, 가장 추천하고 싶은 것은 바로 운동이다. 그런데, 나는 대단한 운동은 하지 않는다. 아주 소소한 운동을 꾸준히 한다. 나의 운동은 PT를 받고 3대 500을 치며 어마어마한 몸을 만들어서 SNS에 올리는 사람들에게는 '저것도 운동이야?'라고 여길 정도로 소소하다. 그렇지만 꾸준하다. 짧은 잉여 시간이 생길 때면 나는 무조건 집 앞 헬스장으로 향한다. 나의 소소한 운동은 30분이면 충분하다. 그래서 자주, 꾸준하게 부담 없이 할 수 있다. 10분간 온몸이 땀으로 흠뻑 젖을 수준으로 쉬지 않고 뛰고, 10분간 걸으며, 10분간 근력 운동을 한다. 모든 운동 사이에 쉬는 시간 없이 연속으로 하기 때문에 30분이면 충분하다. 대단한 운동을 하려고 하면 시작조차 하기 힘들어진다. 시간이 나지 않고 여력이 되지 않는다는 이런저런 핑계로 피하고 싶어진다. 그럴 필요 없다. 작은 스트레칭도 좋고 가벼운 산책도 좋다. 내가 부담 없이 할 수 있는 소소한 노력이면 충분하다.

 우리는 나와의 작은 약속을 지킴으로서 몸과 마음을 지킬 수 있다. 평소에 운동을 통해 내 안에 차곡차곡 쌓아둔 감정 조절 코인을 중요한 순간에 꺼내 쓸 수 있다. 감정 조절 코인은 바로 이런 시간들을 통해 평소에 비축해 두어야 한다. 화가 나는 그 순간에 화를 다스리고 조절하라는 것은 너무 어렵다. 그러나 평소에 비축해 둔 감정 조절 코인이 있다면, 화가 나는 그 순간에 코인을 꺼내어 사용할 수 있다.

뿐만 아니라, 일상에서 나도 모르게 내 몸의 세포 구석구석에 쌓여있는 스트레스 또한 운동하며 흘린 땀을 통해 밖으로 배출된다. 인간은 몸을 움직일수록 마음이 평온해지는 DNA를 가진 듯하다. 인류의 역사를 거슬러 올라 수렵 채집의 시대로 간다면, 우리는 식량을 구하고 생존하기 위해 하루에 적어도 만 보 이상을 걸었을 것이다. 움직이도록 진화했는데, 하루 종일 앉아만 있으니, 머릿속이 분주해진다. 스마트폰 하나로 집 앞으로 구워진 삼겹살과 시원한 아이스크림이 배달되는 세상, 전동휠과 전동 킥보드로 한 걸음도 걷지 않아도 되는 세상에서 우리의 머릿속은 더욱 복잡해진다. 분주한 머릿속을 비우려면, 몸을 분주히 움직여야 한다.

「하루 종일 앉아만 있으면 머릿속이 분주해진다.
분주한 머릿속을 비우려면, 몸을 분주히 움직여야 한다.」

**내 감정 한 줄 정리하기**

## 힘든 일이 계속되어도
## 행복해질 수 있다

　나는 종종 어머니께 여행을 제안하곤 한다. 함께 멋진 풍경을 보고 맛있는 음식을 먹고 행복한 순간을 같이 누리고 싶어서이다. 그러나 어머니는 매번 "지금 그럴 때가 아니다. 머릿속이 복잡하고 마음이 편치 않은데 그런 데를 가서 무엇 하니? 나는 됐다."라고 대답하시곤 한다. 1년이 지나도 2년이 지나서 물어볼 때마다 늘 같은 답변이다. 도대체 언제 머릿속이 복잡한 일이 모두 사라지고 마음에 걸리는 것이 하나도 없는 완벽하게 편한 마음이 될까? 여행이라는 숙제를 영원히 풀지 못할 것 같았다. 사실 나도 늘 머릿속이 복잡하지만, 여행을 가고 싶다. 어차피 100%의 완벽한 편안한 마음이란 생애 단 한 순간도 느껴지지 않을 것이니 조금 마음이 불편해도 잠시 덮어두고 웃고 싶었다.

행복하다는 것은 힘든 일이 일어나지 않는다는 것이 아니다. 삶이 계속되는 한, 힘든 일은 사라져도 계속해서 생겨난다. 원래 삶이라는 것이 문제해결의 연속이고 고(苦)이다. 동물도 천적을 피해야 하고, 먹이를 구하기 위해 많은 거리를 이동하거나 사냥을 위해 적들과 싸워야 하며, 추운 날씨와 더운 날씨를 이겨내야 한다. 고통은 모든 살아 있는 생명체의 숙원이다. 돈이 많은 재벌도, 많은 팬의 사랑을 독차지한 인기 스타도, 대통령도 저마다의 짐을 지고 살아간다. 삶에서 힘든 일이 제로에 가까운 생명체가 있을까? 그렇다면 도대체 행복한 생명체란 존재할 수 있을까? 존재할 수 있다.

오늘 울어도 내일 웃으면 그만이다. 또는 지금 굉장한 고통스러운 일이 생겨서 울고 있지만 울면서 맛있는 걸 먹으며 아주 잠시 그럭저럭 괜찮음을 느낄 수도 있다. 우리는 우리 앞에 닥친 크고 작은 문제들을 풀어내고 해결하며 하루하루를 살아간다. 하나의 문제를 풀고 나면 다른 문제가 또 생겨난다. 심지어 그 하나의 문제는 영원히 풀리지 않을 수도 있다. 그럼에도 또 다른 문제는 나의 이런 사정을 봐주지 않고 또다시 생겨난다. 우리는 늘 문제들에 둘러싸여 살아가고 매일매일 풀어야 할 문제들이 새롭게 생겨나지만 웃을 수 있다. 행복이란 힘든 일이 일어나지 않는 완벽한 상태가 아니라, 문제 속에서도 잠시 차

한 잔을 마실 수 있는 유연함이다. 단단할 필요 없다. 말랑말랑하게 유연하게 그렇게 살아가자.

세상에 완벽한 상황이란 존재하지 않고, 완벽한 사람도 없다. 인생이라는 길은 온통 가시밭길이 가득하고 풀어도 풀어도 문제들이 골치 아프게 생겨난다. 그러나 우리는 그 가시밭길을 걸어가는 동안에 길가에 핀 작은 풀 한 포기를 보고, 살랑 부는 바람도 맞으며, 함께 걸어가는 사람의 미소를 보기도 하고 그렇게 유유히 걸어가면 된다.

「어차피 100%의 완벽히 편안한 마음이란
생애 단 한 순간도 오지 않을 것이니,
조금 마음이 불편해도 잠시 덮어두고 웃어보자.
오늘 울어도 내일 웃으면 그만이다.」

내 감정 한 줄 정리하기

## 누구나 소확감을 찾을 수 있다

얼마 전, 점심시간 커피를 주문하려고 줄을 섰다. 어떤 사람과 내가 거의 동시에 키오스크 앞에 서게 됐는데, 서로 먼저 하시라고 손짓하는 아름다운 광경이 펼쳐졌다. 결국 그 사람의 "감사합니다."라는 말로 상황이 정리되었다. "감사합니다"라는 말은 잠깐이지만 서로를 기분 좋게 한다. 강의장에서 만나게 되는 다양한 교육생분들 중에 "감사합니다."라는 말을 유난히 자주 하는 분들을 종종 만난다. 교보재를 드리거나 질문에 답변을 해드리거나 사소한 나의 할 일을 했을 뿐인데, 감사하다고 인사를 건네주는 것이다. 그러면 그 순간에 신기하게도 기분이 좋아진다. 형식적일지라도 아무 의미 없이 하는 인사일지라도 "감사하다"는 말은 그 순간을 밝히고 서로를 기분 좋게 하는 에너지를 만든다.

유퀴즈에 출연해 더욱 유명해진 행복학자 서은국 교수님은

"행복은 강도가 아니라 빈도이다."라고 이야기했다. 우리는 행복을 대단한 것이라고 착각하며 살아간다. '이 시험에 합격만 하면, 내 집 마련만 하면, 이것만 성공하면, 행복해질 수 있을 거야.'라고 생각한다. 행복이라는 것을 오랜 시간 바라던 것을 갖게 되거나 성취했을 때만이 얻을 수 있다면 우리는 너무도 쉽게 불행해질 수밖에 없다. 짜릿하고 강렬한 커다란 감정만을 행복이라고 느낀다면 행복은 너무 멀리 있어 잡으려야 잡을 수 없는 연기 같은 존재가 된다. 사실 대부분 알고 있는 내용이지만 내 삶에서 현실적인 적용은 어렵다. 도대체 어떻게 소소한 행복을 자주 느낄 수 있을까?

'소확감(일상의 소소하지만 확실한 감사)'를 활용하면 조금 쉬워진다. 커피 주문을 하며 처음 만난 사람에게 건넨 감사하다는 인사, 당연히 해야 할 일 소소한 일을 했을 뿐인데 매번 건네는 감사하다는 말은 소소한 행복을 만든다. 운전자를 가장 화나게 만드는 순간은 갑작스럽게 무리하게 끼어드는 상황이다. 그런데 정말 신기하게도 비상 깜빡이를 켜는 순간 분노의 감정이 눈 녹듯이 사그라들게 된다. 비상 깜빡이는 미안하고 고맙다는 시그널이다. 이처럼 우리는 소소한 마음을 주변에 전하며 서로의 행복을 만들어 줄 수 있다. 대단히 큰 행복은 아니지만, 짧지만 잔잔하지만 자주 느낄 수 있는 행복이다. 행복이라는 것은 별거 없다. 순간 기분 좋은 것이 행복이고 그것이 자주 반복되는 삶이 행복한 삶이다.

꼭 다른 사람과 감사를 주고받지 않아도 나 스스로 느끼는 감사함도 행복의 자원이 된다. 오늘 날씨가 좋아서 감사하다. 점심에 내가 좋아하는 반찬이 나와서 감사하다. 내가 건강해서 이 음식을 잘 소화하고 먹을 수 있어서 감사하다. 오늘은 출근 시간에 운이 좋게 빈자리를 만나 앉아올 수 있어서 감사하다. 내가 건강해서 걸어다닐 수 있는 것도 감사하다. 주말이나 쉬는 날엔 내가 가고 싶은 곳에 갈 수 있어서 감사하다. 따지고 보면 우리의 일상에 당연한 것은 없다. 우리가 누리는 맑은 공기와 날씨, 매일 먹는 식사, 우리 주변의 사람들, 내 뜻대로 움직일 수 있는 나의 신체, 내 몸을 뉠 수 있는 공간 모두 감사할 것투성이다.

우리의 뇌는 단순하다. 적어도 감사하다고 느끼는 그 순간에는 부정적인 감정을 느끼는 뇌 신경전달물질이 차단된다. 감사하다고 느끼면서 동시에 짜증나거나 우울할 수 없다. 감사하다고 자주 느끼는 사람은 긍정 감정을 자주 경험하게 되고 이것이 모여서 행복의 빈도가 된다. 서은국 교수님이 이야기하는 행복의 빈도를 올리기 위해 우리는 '소확감'을 활용할 수 있다.

마음이 지쳤을 때 금세 다시 평정심으로 되돌릴 수 있는 회복탄력성의 구성요소에도 '감사함을 느끼는 정도'가 있다. 감사함을 자주 느끼는 사람은 힘든 순간을 극복해 내는 마음의 근력을 강화할 수 있으며, 자주 행복할 기회를 쌓아갈 수 있는 사람이다. 의식적으로라도 종종 감사하다고 생각하는 것부터 우리는 행복의 시작을 맞이할 수 있다.

「우리의 뇌는 단순하다.
적어도 감사하다고 느끼는 그 순간에는
부정적인 감정을 느끼는 뇌 신경전달물질이 차단된다.
적어도, 감사하다고 느끼는 순간엔
긍정 감정이 활성화된다.」

**내 감정 한 줄 정리하기**

## 끝이 좋으면 다 좋은 거야: 엔딩 효과

아이돌 가수의 무대에서 가장 중요한 것 중에 하나가 바로 '엔딩'이다. 가쁜 숨을 몰아쉬면서도 표정과 자세에 흐트러짐 없이 강렬한 모습으로 카메라에 담겨야 한다. 어느 멤버가 엔딩샷을 받느냐 어떤 엔딩 포즈로 마무리를 하느냐가 팬들의 마음에 강렬하게 남는다. 2017년 프로듀스 101이라는 아이돌 서바이벌 프로그램에서 강렬한 엔딩 포즈로 "저 윙크남 누구야?"를 시작으로 순식간에 수많은 팬들의 입을 떡 벌어지게 한 엔딩 요정 박지훈이 있었다. 3초가 채 되지 않는 그 짧은 순간의 엔딩 장면으로 어마어마한 사람들의 마음속에 저장이 된 것이나. 결국 엔딩 요정은 서바이벌에서 2등을 하며 그의 인기는 데뷔로 이어졌다. '엔딩 요정'이라는 말이 있을 정도로 그만큼 인간의 뇌는 마지막 장면을 유난히 강렬하게 기억한다.

나의 하루에 '엔딩 요정'이 되어보자. 오늘 하루 동안 정말 많은 일이 있었지만, 마지막 엔딩만큼은 좋은 기억으로 장식해 보자는 의미이다. 잠자기 전 침대에 누워서 오늘 하루에 있었던 일 중에서 가장 좋았던 순간을 한 가지 꼽아 본다. 그리고 그 순간을 다시 떠올리며, 오늘 많은 일이 있었지만 그래도 그 순간이 좋았다고 느끼며 잠에 드는 것이다.

우리의 뇌는 잠을 자는 동안 기억을 정리한다. 잠들기 마지막 순간에 어떤 감정을 느끼느냐에 따라서 그날 하루 전체를 긍정적인 경험으로 기억하게 될 수도 있고, 부정적인 기억으로 남게 만들 수도 있다. 우리의 장기기억에 오늘 하루를 어떤 감정으로 저장하고 싶은가? 잠들기 전 마지막 감정으로 오늘을 기억하게 될 것이다. 아무리 과정에 힘든 순간이 있었어도 끝이 좋으면 다 좋은 것이다. 아무리 과정에 즐거운 순간들이 가득했어도 마지막 순간에 찌푸리면 그 전체가 뭉뚱그려져 나쁘게 기억되게 될 것이다.

특히, 어린아이를 양육하는 부모들에게 이런 엔딩 효과는 중요하다. 아이들의 감정은 부모가 만들어 주는 부분이 크기 때문이다. 아이 스스로 '오늘 하루 멋진 하루였어.'라고 생각하고 싶더라도 마지막에 침대에 누워 부모에게 혼이 난다거나 부정적인 부모의 감정을 목격했다면 부정 엔딩으로 기억될 수 있다.

꼭 아이를 양육하는 부모에게만 해당하는 이야기는 아니다. 나 스스로의 자아를 아이 돌보듯이 스스로를 돌보아야 할 모든 어른들에게 해당하는 말이다.

"오늘 꽤 괜찮았어."라고 내 마음속의 아이에게 속삭여 보자. 넘어지고 깨지고 좌절했지만, 나는 오늘도 묵묵히 나의 길을 걸었고, 무사히 그 전투를 마치고 지금 이 자리에 누웠다. 오늘 하루도 역시나 대단했다. 운이 좋다고 스스로 생각해 보자. 끝이 좋으면 다 좋은 거야! 매일매일을 고군분투하면서 다 포기하고 싶은 마음이 100번씩 들었지만, 그래도 오늘 하루도 포기하지 않고 달려온 스스로에게 응원의 메시지를 보내보자.

「나의 하루에 '엔딩 요정'이 되어 보자.
오늘 하루 동안 정말 많은 일이 있었지만,
마지막 엔딩만큼은 좋은 기억으로 장식할 수 있다.
"오늘 하루 고생했어. 그래도 꽤 괜찮은 엔딩이야."」

### 내 감정 한 줄 정리하기

## 에필로그

　우리는 수많은 감정을 느끼며 하루하루를 살아간다. 그중에 우리가 인지하는 감정도 있고, 인지하지 못하고 그냥 넘어가거나 덮어버리는 감정들도 있다. 일상의 크고 작은 모든 감정을 일일이 인지하고 꺼내서 평가하고 곱씹을 필요는 없다. 그러나, 나의 감정들이 차곡차곡 모여서 나의 삶이 된다. 바쁘게 살다 보면 어느 순간 삶의 모양이 내가 생각했던 것과는 다른 모양이 되기도 한다. 감정을 관리한다는 것은 원하는 모양의 삶을 만들기 위한 첫 걸음이 된다.

　어떤 감정에 어떻게 반응할지 누구도 아닌 '나 스스로'가 선택할 수 있다는 것을 잊지 말자. 내 감정의 주도권은 나에게 있다. 감정은 내가 원치 않아도 떠오르지만, 그 감정에 대한 반응을 주도적으로 선택할 수 있다면, 우리는 삶을 원하는 방향으로 조금 더 끌고 갈 수 있다. 하루에 충실하기 위해 애쓰는 모든 사람들이, 보다 긍정적인 감정을 선택하기를 응원한다.

기분은 우연이 아니라, 선택이다
## 오늘, 내가 선택한 감정

초판 1쇄    2025년 10월 24일

지은이    권서희
발행인    김재홍
교정/교열    김혜린
디자인    박효은
마케팅    이연실

발행처    도서출판지식공감
등록번호    제2019-000164호
주소    서울특별시 영등포구 경인로82길 3-4 센터플러스 1117호(문래동1가)
전화    02-3141-2700
팩스    02-322-3089
홈페이지    www.bookdaum.com
이메일    jisikwon@naver.com

가격    17,000원
ISBN    979-11-5622-958-2    03190

ⓒ 권서희 2025, Printed in South Korea.

- 이 책은 저작권법에 따라 보호받는 저작물이므로 무단전재와 무단복제를 금지하며, 이 책 내용의 전부 또는 일부를 이용하려면 반드시 저작권자와 도서출판지식공감의 서면 동의를 받아야 합니다.
- 파본이나 잘못된 책은 구입처에서 교환해 드립니다.